教育政策の原理

―比較教育研究―

ニコラス・ハンス 著
乙訓　稔 訳

Nicholas Hans
The Principles of Educational Policy

【凡　例】

一　翻訳に際し、原著本文の長いパラグラフは、文脈から判断して適切な箇所で改行し、さらに切れ切れの短い単文で前後の内容の関連から続くと考えられる文は繋げた。

二　原著本文中において、強調としてイタリック体が用いられている章句については、本訳書ではゴシック体として表記した。

三　本文中の番号註は、すべて訳者が作成した訳註である。一方、幾つかある原註のうち、短い註は当該文の語尾に括弧書きで挿入した。長文の註については、翻訳して当該箇所の下部に掲げた。

四　索引は、原著においては人名と事項が一体のものであるが、本訳書では原著の索引を邦訳して、その訳語の分類に従って人名索引と事項索引の別立とした。

序文

次に続く著作は、これまでほとんど業績のない「比較教育」の領域における興味深い論考である。二〇世紀の二〇年間の様々な国の教育に関する貴重な資料に満ちたサンディフォード教授の『比較教育』という書名の大著は別として、またコロンビア大学の教育学部から発行されている立派な年報は今では世界中の教育家にとって一種の「政治家の年報」となっているが、しかし残念ながら「比較」という論題のもとに英語で書かれた注目すべきものはこれまで何も公にされていないし、「比較」という言葉で伝えられるべき約束がほとんど果たされていない。しかしながら、「比較教育」が「比較政治」のように、興味深く実りあるものであってはならないという理由は何もない。国民教育制度の構造は、その国の体制と同様に特徴的であり、同時に極めて重要なのであって、一般には国家体制と緊密に結びついているということを、人々が認識する時が来るであろう。そのようになった時、我々は教育体制を検討する教育上のモンテスキューや、教育体制を分析するブライス(1)のような人たちを持つことになるであろう。

私の友人ニコラス・ハンス博士は大変謙虚な人なので、自分自身がブライスやモンテスキューと同類の人であるとは思わないであろう。しかし、彼の著書は、現代の人たちとほとんど比べることのできない彼の経験に基づいていて、また翻訳可能なヨーロッパの主要な言葉をすべて自由自在に駆使する彼の能力による幅広い読書で補完されている。さらに、彼のアルザス人の血筋は、一九世紀を通じてドイツとフランスが相互に占領して対峙したライン河の鉄壁の前線を境界に、そうした競争相手が尽力した軍事制度と同様に、その補完的な教育制度の理解の鍵を彼に与えている。一方、ロシアで育ち、ケレンスキー政権の時期にオデッサで教育長を務めた彼の経験が、西ヨーロッパの多くの学生たちに閉ざされていた東ヨーロッパの教育や政治についての世界を提供することを自由にさせている。そのような貴重な経験は、折り悪しくソビエト革命によって短命であったが、それ以来ハンス博士は英国の大英博物館やその他のところで教育研究を熱心に続けた。そして、彼は、ロシア教育史への重要な新しい貢献により、ロンドン大学から哲学博士を授与された。その間、彼は最初は学生として、後には留年生としてキングス・カレッジの教育学部の上級のセミナーに五年間参加し、彼の教授と有為な後輩の学生仲間から愛情と賞賛を得た。

彼の著書は、単なる事実の収集ではないし、現存の制度の純粋な学問的分析でもない。ハンス博士は、彼が考える国家と学校の関係において生じる主要な問題を表示する題のもとで、自分自身の意見を持って選択した資料を整えている。このことが、別にあるであろう方法よりも、本書を読みにくくしている。私は、必ずしも著者の結論にすべて同意しているわけではないし、また他者が異議を見出す場合を期待しているわけでもない。むしろ、著者が本書を出版した勇気と手腕に賛辞を惜しむ人は誰もいないと、私は信じる。ハンス博士は先駆者であり、勇気こそ先駆者が必要とする第一の資質である。彼にとって外国語で、それもどの外国人にも世界で最も難しい言葉のうちの一つに違いない言葉で、この種の書物を書くという彼の試み——全体において大変成功している——に最も顕著なものは、この勇気であろう。もちろん、英国の読者は本書において英語の用語法を巧く表現していない点をあちこちに感じるであろうが、しかし私は彼がこれまでにひどい誤りをしたとは思わない。私自身としては、言語学的観点からは力作であり、また教育の政治学的観点からは最も興味深く価値のある労作であると、彼に賛辞を贈りたい。

一九二九年六月　ロンドン・キングス・カレッジ

J・ドーバー・ウイルソン

まえがき

教育に関し、教育の理論と実践のあらゆる限りの局面を主題としている多くの書物がある。また、多くの論者によって特別な事例における組織と行政の問題や教育政策の問題が主題とされてきた。例えば、国家と教会の関係、行政や階梯的制度、少数民族や他の諸問題に関して、多くの文献が存在する。しかし、私の認識では、一般に認められている何らかの原理に基づいて教育制度の構築を試みている教育政策の原理についての完全な論考はない。

教育政策は、幾つかの明確な概念に準拠すべきであり、対立する意図の狭間で一時的な妥協をやめるべき時が来ている。ここ数十年の出来事は、特にすべての国々の戦後の立法は、明らかに教育事項に関して国家干渉が絶えず増大していることを示しているし、成長中の世代の教育は当然として家族の関係する私事であるべきと考えられた時が、永久に失われたことを示している。教育が国家の最も重要な職務となり、それゆえ当然国家は明確な教育政策を持つことが同様に重要である。現代の民主主義国家が偶然に成長したのではなく、また幾つかの根本的原理に基づいているのならば、民主主義国家はそれらの根本的原理に準拠した教育政策を持たなくてはならない。国民を統治する政治家や議員たちは、通常政治経験に長けた人たちであり、彼らはある有力な政治団体や産業団体に関係し、依存している。それゆえ、彼らは自由にあらゆる偏見や伝統を一掃したり、論理的で調和的な教育制度を確立することができない。彼らは、常に実際の場面で少なからず対立線上にある反対党派間の均衡を保ったり、中間の道を見つけ出さなくてはならない。このような点で、戦争と革命後のここ一〇年間の立法でさえ、妥協から解放されていないことが分かる。共産主義的教育制度を導入する試みの後、ソビエト・ロシアの最も厳密な立法も後退しなければならなかったし、反共的な傾向と妥協しなければならなかった。戦後のドイツの立法は、対立する二つの陣営の教育原則の狭間における絶え間ない妥協の顕著な例である。しかし、実際的な考慮によって政治家たちが論理的矛盾のない制度を確立することから閉め出されるならば、様々な理論を述べたり、込み入った迷路からの脱出の方法を出来る限り示すことは、教育家たちの義務である。教育家たちは、歴史的、地理的条件に関係なく彼らの制度を構築することができるのであり、彼らは教育の理想郷を描くことができるし、実際的な考慮によって妨げられずに、調和のある論理的な政策を展開することができるのである。ただ一つ残る問題は、そのような政策の可能性である。最初から、率直に言おう。すなわち、そのような制度は完全には不可能であり、常にある種の非論理的なものが残るであろう。なぜなら、この世そのものが論理に基づいた論文ではないし、感情や偏見、伝統や抗争に満ちた現実だからである。それにもかかわらず、最も実際的な政治家にさえ、指標が必要なのである。沈滞することなく進むためには、ある方向に動かなければならないし、振り子のように動くよりも、一定の方向に動くのがより望ましいのである。教育政策においては、他の場合と同じように、意識的な努力によって普遍的な発展を助長するために、世界が動いている方向を知らなければならない。

本書は、先進諸国の教育法の成果を要約し、民主主義国家に準拠する制度を発展させる試みである。民主的政策を基盤として、無償の教育と義務教育の問題が最初の章の主題を成している。次の二つの章は、国家と教会(第二章)、国家と家族(第三章)の関係についての教育政策の一般的原理を論じている。また、次の二つの章では、教育の実際的な行政が主題とされている。第四章は中央集権と地方分権の賛否を論じ、第五章は地方分権の付帯的問題として少数民族に対する政策を詳しく論じている。さらに、次の二つの章は、正常児(第六章)と特殊児童(第七章)のための民主的な階梯的制度を構想している。第八章は教師の地位と職業的権利の問題を取り上げ、第九章は教育課程と教科書や教育方法の問題を扱っている。大学は、教育階梯の他の段階とは別に研究機関を形成するので、またそれは最初の二つの章と同じ視座から考察されるべきではないので、特別な章が割り当てられている。全制度の物的基盤として教育財政が第一一章で論じられ、最後の第一二章では、教育の国際面に向けられている。このように、教育政策の全分野のあらましが幅広くある一つの視点から網羅されているのである。

本書の原稿は、J・ドーバー・ウイルソン教授とF・ジョンソン修士、そして妻のグレース・フローレンス・ハンスによって目が通された。その各々の有益な示唆と援助に対し、心からの謝意を表したい。

目　次／教育政策の原理―比較教育研究―

教育政策の原理

――比較教育研究――

第一章　民主主義と教育

民主主義は、一般に「人民の、人民による、人民のための政治」[2]と定義される。この定義を詳細に解釈するならば、「人民」は国民のすべての集団を含み、国籍、人権、信教を問わず、少数者も多数者と同様の権利を享受することを意味している。民主主義は、単に多数者がその意志を少数者の要求を顧みずに押しつける、多数者の支配ではない。民主主義は、あらゆる市民の自由と権利を擁護し、すべての者に平等の機会を与えることである。民主主義は、個人の自由と社会的義務の総合である。義務無しの完全な調和という無政府主義的な理想は、個人の自由の極端な解釈であり、人間の本性が現状のままである限りは実現できないのである。社会奉仕が絶対的な義務であるという共産主義の理想はもう一つの極端であり、もしそれが実現されたとすれば個人の独創力を削ぐことになるであろうし、結局は沈滞を導くであろう。社会進歩の唯一の可能な方法は、民主的な立法を通じての義務と自由の結合を図ることである。義務はそれ自体では悪ではないが、道徳的目的を持たず不道徳な方法で遂行される義務は悪である。すべての自由が擁護されるならば、法律に国民を順応させることを強いる民主主義国家の権力に、異議を唱えざるを得ないのである。問題は、国民の出来事に国家がどれだけ干渉することができるか、何が個人の自由と社会的な義務の境界であるかということである。我々は、国家の立法の目的として機会の平等を認めるのであれば、具体的な基準を判断する試金石を持っている。国家と個人の関係については、主な三つの観点がある。

第一の観点は、「**無政府主義的―個人主義的**」なものと言ってよいであろう。この観点は、政治的・経済的にマンチェスター学派[(3)]の「放任、なすがまま」というスローガンによって代表され、教育においては個人の自発的努力には十分な自由を与えたが、教育には一ペニーも費やさなかった古いイギリスの政策によって代表される。この理論によれば、個人は誰でも受けたい教育の種類と範囲を決定する完全な権利を持っているということである。聖俗いずれの権威も、どのような学校に通うかをどの子にも強制できないのである。この問題は、子どもが成熟する前に、自然の保護者である両親によって取り扱われた。実際には、それは子どもたちをひどい悪習へと導いたのである。無学な両親によって数多くの子どもたちが無教育のまま放置されただけでなく、子どもたちは児童期を奪われ、早くから生きるために働かなくてはならなかった。J・ケイ・シャツルワース卿[(4)]は、この政策を次のように定義した。「**政治の干渉から教育の自由**が様々な政党の標語になるとき、政党は国民の福祉よりもある階級の利益を求めるとは思わないだろうが、政党が党派の不振より人民の無知を好み、進歩する文明の自由よりも人民の状態を無視する自由を好まないであろうか」（国家と教会との関係における学校等）。現在、この古くさく投げ遣り的な観点への回帰を警告する教育家たちはいないのである。それは、ただ歴史的な興味を持つだけのことであり、実際には政策以外のことである。

第二の観点は、**「共産主義的」**と呼ぶことができるであろう。プラトンはこの理論を彼の共産主義的な国家において巧みに考案した。この古代の理論は、二〇世紀にヘーゲル哲学の帰結として二つの対立したかたちで復活した。一つは、ソビエト・ロシアの共産主義政治によって代表され、他はイタリアのファシスト政治によって代表される。ソビエトの政策は、この理論のより極端で論理的な形態であるので、例として取り上げるのに一層有益であろう。国家は国民の共通利益を代表し、その中央政府が全体の欲求や要求をよく知っている。国家は必要に応じて教育の専門家たちの養成を調整するが、個々の国民は将来の職業や仕事を決定する権利を持たず、当局によって決定される。私立の学校や授業は法律によって禁止され、利用できる教育はすべて国家の教育なのである。すべての子どもたちは国家のために国家によって国家の施設で教育され、教育課程をはじめあらゆる細かいことまでが中央の当局によって規定される。この政策がロシアでどのような最終結果になるかは、予言するのが困難である。しかしながら、現在すべての地方の独創的なものが抑制され、教育の一般的な水準は低められ、台頭する世代は教条的で寛容でないということが疑いのない事実である。

第三の観点は、**「民主主義的」**なものと言ってよいであろう。この観点は、まさに二つの極論の狭間にある。しかしながら、それは独自の原理に基づいているので、折衷案と見なされるべきではない。その政策は、多くの現代の民主主義諸国によって追求されているものであり、様々な形態を持ち、また常に発展している。目標はまだ達成されていない。すなわち、幾つかの国家は目標の近くにあり、ある国家は隔たっているが、しかし普遍的な特徴はすべての国家にとって共通している。現代の民主主義の基礎としている普遍的な原理は、すべての人間は自分自身が固有の価値を有し、自分自身が目的であるということである。国家は人間的な犠牲を要求する超人間的な組織ではないし、個々の国民が国家を形成するのであって、国民が存在しなくては国家は空虚なもの以外の何ものでもない。しかしながら、他方で国家は、その任務としてすべての個人の財産を結びつけ、最良の頭脳集団の助言を兼ね備えている。国家は、個人の独創力よりも教育をより良く組織化できるし、子どもの最高の保護者として子どもたちの興味を無教育で犯罪的な親たちからより適切に保護することもできる。すべての者に平等の機会を与えるために、国家は若い世代を教育する責任を負わなければならないし、また無償教育と義務教育を組織しなければならない。すべての親たちが啓発された誠実な国民であり、彼らのすべてが彼ら自身で、また彼らの費用で十分に子どもたちを教育できるのであれば、国家は脇役となり、義務教育法を制定する理由がないであろう。しかしながら、人類の現状では、親たちの多数が一致して子どもたちに十分な教育を与えるであろうと考えることさえ、推定にしか過ぎないのである。国家は若い世代の最高の保護者として、親たちのみならず他の社会的な組織に依存することができないし、最終的な責任は国家自体に存在するのである。

教育における国家の義務は、すでに古代ギリシャで実施されていた[5]。ギリシャの実施は別として、最初の義務法は、一四九四年にスコットランドで制定されたが、しかしそれは貴族や土地所有者のみに関するものであり、彼らの後継者たちが学校で教育されるべきであると定められていた。一世紀後に、ジョン・ノックス[6]が民主的な法律の導入を試みたが、失敗に終わった。民主的な立法は、マサチューセッツ州の一六四二年の法律と一六四七年の体系的な条令によって初めて施行された。この条令には、次のような条文が見られる。「若者の普遍的な教育は、国家の安寧にとって本質的なものであり、この教育を与える義務は第一には親にあるが、国家はこの義務を実施する権利を持ち、国家が教育の種類と最小限の量を決定する基準を確定してよい。就学は全般的ではないが、一般税が徴収され、国家が要求するような教育を与えることに使用されるべきである。基礎から高度の教育までが国家によって提供されてよいし、大学教育を望むのに相応しい若者のために、公費で機会が与えられなくてはならない。」（マルチン著『大衆の展開：公立学校制度』）。だが、マサチューセッツ州（一六四七年）とコネチカット州（一六五〇年）の就学義務法は、厳密に実施されず、一八世紀には途絶えた。現代のアメリカの就学義務についての法律は、一八五二年にまで戻り、同年やっとマサチューセッツ州で最初に制定された。そして、第一次世界大戦後、幾つかの州が就学義務を制定したにすぎない。

ドイツでの最初の就学義務法は、一六一九年にヘッセンのルードビィヒ五世により制定され、ロシアでは一七一四年ピョートル大帝により制定された。しかし、これらの法律は、すべて一九世紀までに死文化してしまった。現在の義務教育は、このような始まりから発展したのではなく、プロイセンのフリードリッヒ大王の立法と実施から発展した。彼の有名な一七六三年の「一般地方学事通則」(7)は、五歳から義務教育を導入したもので、一九世紀に他の国々で続く立法の例として役立った。現在、義務教育は普遍的に認められた政策であるが、論争点として残る問題は就学義務の年齢期限ということである。下の年齢の期限は五歳から九歳に、また上の年齢の期限は一三歳から一八歳に修正されている。通常の就学義務の期間は、六歳から一四歳に合致し、小学校の八学年に相当する。**表1－1**は、様々な国の異なった年齢期限を示している。

アメリカ合衆国では、就学義務の年齢の期限に大変な差がある。**表1－2**は、就学義務に年齢期限のある幾

表1-1

国	最初の就学義務法	就学義務年齢		初等教育の授業料無償導入	注
		就学	修了		
オーストリア	1774	6	14	1869	
＊オーストラリア	1872	6	14	1872	
ベルギー	1920	6	14	1920	
＊カナダ	1887	7	14	1864	ケベック州では就学任意で有償
チェコスロバキア	1774	7	14	1869	
デンマーク	1814	7	14	初等学校のみ無償	
イギリス	1870	5	14	1891	
フランス	1882	6	13	1881	
＊ドイツ	1763	6	14	1888	
アイルランド	1892	6	14	1892	
イタリア	1877	6	14	1859	
オランダ	1900	7	14	-	有償
ニュージーランド	1877	7	14	1877	
ノルウェー	1889	7	14	1848(?)	
スコットランド	1872	5	15	1889	
＊南アフリカ	1907	7	14	1907	トランスバール州のみ無償
スウェーデン	1842	7	14	1897(?)	
＊スイス	1874	6	15	1874	連邦法
＊アメリカ	1852	7	16	1834	

＊これらの国は、多く邦や州の連合であり、それゆえ年齢期限は様々な区分で異なっている。表の年代は、州の大多数か構成する州のうちの或る州の最初の立法を表している。ロシアでは就学義務が無いし、またスペインは理論的には1857年以来無償と義務の小学校があるが、しかし実際には学齢児の約50パーセントの子どもたちが就学していない。

つかの州である。

これらの表から分かるように、大部分の国々は、義務の期限を少なくとも七年間に延長すべきであるということで一致している。しかし、最近の立法の一般的な傾向は、義務教育を一八歳まで延長することにある。現在、多くの国々は、義務の継続教育を一八歳まで引き上げる法律を制定している。この点でドイツは先駆的であったし、ドイツの「実業補習学校」は長い間義務であった。ドイツは別としても、スイスやチェコスロバキア、オーストリアやスウェーデンでは、

表1-2

州の数	就学年齢	修了年齢
20	7	16
10	8	16
4	8	14
3	7	17
3	8	18
2	7	14
1	6	16
1	6	18
1	7	13
1	7	15
1	7	18
1	8	17
1	9	16

一九一八年の教育法のなかで一八歳までの継続教育が義務となっている。定時制の継続の学校への就学義務は最終的な解決ではなく、一八歳までの全日制の義務教育の方法を提供しなければならない。就学義務が一八歳を超えた成人から常に要求されるであろうということは、全く有り得ないことである。一八歳は、青年期の依存的生活と成人の自立的生活の自然の境界線である。一八歳以後、全人口の僅か少数が学校に行けるであろうし、また行くことを望んでいるのであって、大多数が様々な職業や仕事に就くことになるであろう。

就学義務の下限年齢の問題に話を戻すと、六歳が就学を始めるのが最も適当な年齢であると思われる。幾つかの国々では、民族的、気候的な特質から規則上の就学年齢よりもむしろ遅い年齢を要求している。家庭生活を保護するためならば、保育学校や幼稚園だけは自由に選択できる。確かに、国家は工場や家庭外の至るところで働く母親たちに、彼女たちの幼児たちを国立の保育学校や託児所に預ける機会を十分に与えられなければならないが、しかしそれは例外で、一般的ではないと見なされなければならない。

就学義務は、論理的には無償教育に結合されるのであり、そうでなければ不当であり、また実施困難であろう。全く奇妙なことに、就学義務は歴史上では無償教育より常に先行した。ロシアは、無償教育が数世紀連続して義務教育より先行した唯一の国であったと思われる。ロシアでは、無償教育は一七八三年、エカテリーナ二世による国家制度の確立と同時に導入された。初等教育だけでなく、中等教育や高等教育がすべての者に無償であった。この事態は、ニコライ一世が大学や中等学校の無償教育を廃止した一八二九年まで続いた。小学校は、ロシア国民教育の全歴史を通じて無償のまま残り、ついに一九二三年になってソビエト政府により授業料が導入された。

他の国々は、無償の教育をさらに後に導入した。アメリカ合衆国では、最初の無償の学校法の制定時期は、一八三四年までしか遡れない。それは、ペンシルバニア州で制定された自由選択のもので、各々の地方が別々に票決するように定められていた。その法律を認める人々だけが、その規定のもとで組織された。他の州は、その後に無償の教育を導入した。例えば、ニュー・ヨーク州は一八六七年まで全般的に無償の学校を用意しなかったし、南部の諸州は南北戦争後でしかなかった。スイスは一八七四年に無償教育を導入し、フランスは一八八一年、プロイセンは一八八八年に導入し、そしてイギリスは一八九一年にやっと導入した。

しかし、無償の中等教育を提供しているのは、非常に少数の国々である。ロシアでの実施は別として、一九世紀の初頭では、ヨーロッパのどの国も中等教育を望んでいるすべての者に無償の中等教育を提供していない。

すべての者に無償の中等教育は、アメリカ合衆国やカナダ、オーストラリア、ニュージーランドや南アフリカ（トランスバール州において）のような新しい民主主義の国々で提供されただけである。ヨーロッパの国々では、国立の中等教育において数パーセントの場だけが無償であり、イギリスにおいては約四〇パーセントにすぎない。高等教育は、アメリカ合衆国やカナダの州立大学においてのみ無償である。他のすべての教育機関やヨーロッパのすべての国々では、学生たちは授業料を払う。ソビエト・ロシアは特別な位置を占めていて、大学や高等工業学校での教育は無償であるが、それは共産党や労働組合の推薦者に独占的に限られている。

無償と義務の教育は、論理的には同時に導入されたに違いない。なぜなら、義務でない無償の教育は富裕階層の新たなる特権となったであろうし、貧しく無教養な親たちは子どもたちを学校にやれなかったであろうからである。それゆえ、すべての国家の教育は無償であるべきであり、大蔵省や地方の税金によって維持されるべきなのである。しかし、無償の教育を提供する国家の責務は、制限が無くはない。自然は、どの少年少女にも一定の限界を設けている。それゆえ、我々は、初等教育や中等教育と高等教育とを区別しなくてはならない。現在、初等教育と中等教育の境界は明確に定義されるし、昨年の青年期の教育についての諮問委員会報告はそれを一一歳と一三歳のあいだに置いている。一般的に、初等教育によって、一層の進歩に必要である基礎原理の習得と現代文化の手段が理解される。また、中等教育によって、ある種の継続教育が一八歳まで引き上げられるのである。より高度の教育は、大学で与えられるものと、また総合技術と成人教育を含んでいるのである。現代社会の構成員となることができるように、すべて子どもは小学校を修了しなくてはならないし、また初等教育は必然的に義務や無償となる。この初等教育の段階では、すべての子どもたちのそれぞれの固有な能力のために共通の授業要綱を持つことができるし、第二の段階の継続教育は異なった性格のものとなる。そこでは、教育課程がすでに非常に分化され、学校は生徒たちの将来の職業や彼らの生来の能力に応じた異なった性格のものとなる。国家が能力を超える知識を誰でもに強制して要求することができないことは明らかであるし、それゆえ中等教育は初等教育と同じ方法で義務とされるべきではないのである。

正常で健康な子どもは、誰でも小学校の教育課程を修得することができるが、しかし子どもたちのすべてが同じ種類の中等教育に適しているわけではない。このように、ある種の中等学校に行く義務だけはすべての青年に課せられてよいが、しかしそれぞれの青年に適した特別な種類の継続教育は、テストや選抜の後に選択されるに違いない。大学におけるより高度の教育や他の同じ程度の教育機関は、自由と学生の意識的な努力を必要とするし、義務として課すことはできない。しかし、国家が職業教育と高等教育を義務とする権利を持っていないならば、研究にさらに何年か費やすことを望み、それを有益にできるすべての者に高等教育を提供することは、国家の義務である。このことは、その能力と性格によって、健康を害することなく高等教育を修得できるすべての者に、高等教育が無償でなければならないことを意味している。

無償の中等教育と高等教育は、機会の現実的平等を提供するのにそれ自体では十分でない。どの家族も、子どもが一五歳に達した後も収入を子どもの教育のために配分する余裕がないし、通常では一五歳になると子どもは家計の手助けをすることになる。お金がないために子どもに継続教育を与えることができないすべての家族には、国家が財政上の援助をしなければならないのである。財政上の援助とは、生活費を加えた奨学金制度を意味する。この制度は、コンドルセによって一七九二年にフランス国民議会に提出された有名な国民教育計画において唱道されている。彼は、小学校のすべての優秀な生徒を選んで、彼らを「祖国の生徒たち」として国費で教育することを提案した。この制度は、アレキサンドル一世によってロシアに初めて導入された。どの中等学校でもすべての者に授業料や教科書が無償であったように、生活費も同様であった幾つかの奨学制度（総計六〇）を持っていた。すべての者に無償であった大学や他の高等教育機関では、全学生の約五〇パーセントが特別な寄宿舎で国家によって扶養されていた。この無償の高等教育制度や国家の生活補助金は、前述したようにニコライ一世によって完全に改変された一八二九年までロシアには存在した。一九世紀では、そのような規模で実施されていた国は他にどこもなかった。

二〇世紀には、生活補助金の原理は多くの国々でも認められるようになった。しかし、教育目的のために貧しい家庭を助成する現在の国家補助制度は、高等教育のために現状の不足を補うには十分ではない。例えば、イギリスではどの地方でも生活補助金のうちの幾つかの奨学制度が厳しく限定されていて、それらは収入制限が対象となり、普通の奨学制度より水準の高い試験に合格することが条件づけられている。高等教育の機会が地方によって大変異なる結果、国はこの件を完全に地方当局の手に任せている。また、フランスの国家奨学金制度も、一九二五年の法律で大変改善されたが、競争的な試験と同様の原則に基づいていて、国家に奉仕した親の子どもたちに奨学金取得の余地が優先的に残されている。フランスでは、すべての制度が中央に集中し、補助金は政府の機関（国の学生局）によって配分されている。一九二七年には、補助金の総計は、三千四百万フランに達した。ソビエト・ロシアでは、異なった制度が導入され、補助金は元来のプロレタリアの子どもたちに配分され、共産主義の諸組織によって推選される。

最も理想に近い制度は、スコットランドにあると思われる。しかし、賞賛に値するかもしれないが、スコットランドの生活補助金の実施は、たとえ立法であっても、義務でない許可制である。一九一八年の(スコットランド)教育法(8)の第四条は、次のように述べている。「教育の権威のためには、旅費、授業料、寄宿舎の居住費、奨学金や生活手当などの援助のかたちで、どのような組合せの支給でも補助することが適法とされるべきである……」、「中等学校(あるいは大学や師範学校)に入る資格のある子どもや若者は誰でも、出費を伴うという理由で閉め出されるべきではない」。もし、「適法とされるべきである」という言葉の代わりに、「義務とされなくてはならない」という言葉が挿入されていたならば、スコットランドの法律は、理想的なものになったであろう。しかし、有能で才能のある子どもたちだけが、引き続き教育されるべきであるという考えは放棄されるべきであり、能力にかかわらずすべての子どもたちが一八歳までは学校に留まるべきである。すべての貧しい子どもたちに継続教育の具体的な機会が与えられるべきであり、生活費の手当はいかなる試験とも関連づけられるべきではない。考慮されるべき唯一の条件は家族の収入であるが、大学教育に関する問題は全く異なっている。大学教育の補助金は、人口の少数者のみの利益となり得るので、誰にでも与えられるはずがない。この点で、明らかにある種の試験が必要であり、要求された試験に合格できた学生たちだけに生活費の補助金が与えられるべきである。けれども、大学教授たちによる科学的成果の一般的な解説が、辺鄙な田舎の地方に居住する人々にも利用できるようにするべきである。そのような政策の実現は、それによって有益になるすべての人々のための中等教育や大学教育を具体的に取り入れることになるであろう。

第二章　国家と教会

国家と教会の関係には、三つの典型的な形態がある。第一のものは、国家が教会を教育における絶対的な権威として認め、教会に強制と立法の権限を委ねるものである。この政策の典型的な例として、一六世紀にジョン・ノックスによって入念に作られたスコットランドの制度が挙げられるであろう。長老教会(9)の総会が、地方全体の教育上の権威であった。教会は、学校を管理しただけでなく、地方税を課し、義務教育を実施した。教育課程は、全く宗派的であり、長老教会の目的に合致していた。現在では、そのような政策はほとんど不可能であり、それは国民の圧倒的多数が同じ国教的な教会に属する同質の国家であるときに、また聖職上の権威が国民の要求を実際に代表しているときにのみ行うことができるのである。そのような条件は、北欧の三つの国に存在し、そこでは住民の九五パーセント以上が国教のルーテル派教会の構成員である。国民が多くの宗派に分かれ、「自由な思想家」や不可知論者と呼ばれる相当数の人たちを擁する他の国々ではほとんど不可能である。

中世では、教会は教育上の絶対的な権威であり得たし、当時は哲学が「神学の召使い」であって、また科学は宗教的見地から教えられていた。近代の科学は、もっぱら神学との関係に奉仕してきたが、まれには宗教の教義に反して教えられていた。どのような宗派の立場にも公平な世俗の権威のみが、科学の進歩に従って現代の教育を管理することができる。この哲学と科学の解放は、多くの国々で教育の非宗教化をもたらすことになったのである。

教育事項において、国家と教会のあらゆる協同の分離が第二の典型的なものである。それは、国家が国立学校において教会のいかなる干渉も禁止し、また学校の教育課程からどのような種類の宗教教授も同様に排除する。この政策は、今日多くの立法によって表わされているが、穏健な形態と極端な形態がある。前者はフランスによって代表され、後者はソビエト・ロシアによって代表される。はじめに、ソビエトの立法を考察しよう。一九二三年一二月一八日の教育法によれば、あらゆる小・中学校は国家によって維持され、私立学校の存在は禁止される(第七条)。いかなる種類の宗教的教授も、どのような宗教的実践も、すべて国立学校内では禁止される(第六条)。学校の教育課程は、生徒に「プロレタリア階級意識」を発現させなくてはならないし、資本家と労働者の階級闘争の仮説に基づかなくてはならない(第三五条)。宗教は労働者や農民を征服するために支配階級によって発明された毒とみなされ、解毒剤として無神論があらゆる学校で教えられ、さらに子どもたちや青年たちへの宗教の私的な教授は法律によって禁止されている。この教育の非宗教化の極端な形態は、非民主的であり、国民の相当部分の願望や要求と対立している。それは、実際的な政策として、宗教心のある人々のあいだに熱狂主義や神秘主義が発展する傾向があるので、その目的そのものを覆している。関係当局は裏をかかれ、かつて有名であったアイルランドの「野外学校」[10]と同様に、多くの合法的でない神秘的な宗教の授業が存在している。宗教が人間性の精神的な要求の一つである限り、国家は宗教の教授を禁止する道徳的権限を持たない。民主的な国家は、その国民の要求を考慮しなければならないし、また時代の道徳観念と対立しない国民の宗教的信条の自由な習得を認めなければならない。ただ、例外的で、最もあり得そうもない例は、人口の大多数が宗教的信条のいかなるものも不道徳であると確信するとき、そのような禁止的な政策が正当化されてよい。しかし、「宗教的信条」とある種の政治的、経済的な教説における熱狂的で無批判な信念とのあいだに、境界線を引くことは極めて困難である。ひとたび導入された政策は、必ずあらゆる正統でない見解を不寛容な禁止へと導くし、またすぐに圧政に堕落する。ソビエトの立法は、中世の宗教裁判の現代的対応である。

非宗教化の穏健な形態は、フランスによって代表される。一八八二年三月二八日の法律によって、フランスのすべての国立学校の非宗教化が言明され、宗教の教授は禁止された。国立学校は、宗教について中立でなくてはならなかったし、宗教的な表象や象徴は、学校の建物内では許されなかった（学校の中立）。国立学校は、両親に宗教教授の機会を与えるために（第二条）、週一日（日曜日以外の）子どもたちの登校を免除している。しかし、国立学校の生徒の宗派別の授業は、教会でのみ許され、他の建物、例えば宗派の私立学校では許されない。私立学校の宗教授業は、義務であってはならないのである。一九〇四年七月七日の法律（第一条）によって、宗派的集団がその子どもたちに教授することは、どのような種類のものであっても禁止されている。私的な人々や私的な集団のみが、宗教の授業を行う私立学校を設立する権利を持っている。すべての国立学校は、宗教の授業の代わりに、義務である「道徳と市民教育」を導入した。一八八二年の法律は、この教育（神に対する務め）の一部分として、有神論を教えることさえ要求している。一九〇一年以来、フランス教育連盟は、学校図書から有神論的章句の撤廃を要求している。一九〇五年には、それが師範学校の手引き書において実施された。しかし、小学校の手引き書は、多くの教師たちが教える際にその章を除外したけれども、それまでの傾向が続けられた。手引き書は、G・コンペレー[1]やJ・パイヨのようなフランスの最高の教育家によって編集され、近代の哲学や心理学が基礎になっている。フランスの実施は多くの長所を有しているが、国立学校からの宗教の全廃は、不道徳や堕落の増大を招く恐れがあり、基盤の欠如が判明したし、また幾つかの短所がある。宗教は、我々の文化の最も重要な要素の一つとして無視できないのである。それゆえ、中立の原理を受け入れながら、学校の教育課程に宗教とキリスト教会の歴史、芸術、文化、そしてキリスト教道徳を扱う特別な教科を含むことが必要であると思われる。他方で、抽象的な形での有神論の教義的な授業は、誤りであり、宗派の私的教授に任せるべきである。自力で宗派の学校を設立したり維持する宗派的集団の禁止は、第三帝国とローマ・カトリック教会の相剋と特殊な状況下で正当化されたが、原理として維持されるべきではない。

アメリカの実施は、フランスの中立の原理の修正である。非宗教化の動きは、一九世紀の後半にはじまったにすぎない。以前のアメリカの全制度は宗教的精神が浸透していたし、また非宗教的教育への移行は古い伝統を完全に廃棄できなかった。五つの州の憲法は、今日でさえも宗教教育を州の任務として考えている。「宗教、道徳、知識はよい政治に不可欠なものであり、人類の幸福が永遠に助長されるべきである」と、条文は州の教育の目的を明らかにしている。他の州は、宗教を教育目的の一つとして言及していない。しかし、「永遠に助長されるべきである」宗教ということが明記されないで、明らかに邪教さえも含む様々な信条や信念をすべて含んでいる。様々な州の憲法の他の条文は、明確に宗派的教育を禁止している。一九〇三年のメイン州の法律は、公立学校について次のように述べている。「キリスト教の根本的真理や偉大な道徳的原理は法律によって認められているが、公立学校は宗派の教えから自由であるべきである」。この法律は、アメリカでは例外であるが、明らかに宗教をキリスト教とのみ理解し、それを教える際の宗派的偏向だけを禁止している。アメリカの州の大多数は、「宗教」を広い意味で解釈していて、どのような宗派的な授業も禁止している。「宗教における宗派と政治における党派の教育は、いかなるものでも永久に許可されるべきではない」（もちろん、州によって維持されている学校においてのみ：アイダホ州、一九〇七年）。「無神論的、邪教的、宗派的な教義は、いかなるものでも、州の郡区の学校のどこででも教えられてはならない」（ユタ州、一八九二年）。非宗教化についてのすべてのアメリカの法律は、非常に曖昧であり、様々な州の最高裁判所により違った解釈がされている。それらの裁判所の幾つかの裁定は、やむを得ず教師がローマ・カトリックの翻訳（ドウエ）[12]かプロテスタントの翻訳（ジェームズ王訳）[13]のどちらかの聖書を使用しなければならないとき、両方の版はそれぞれの「宗派」によって「宗派的」と認められているので、何の解説もない聖書の朗読でさえ「宗派的授業」であると裁定した。他の法律は、使用されてよい聖書を除いて、宗派の教科書の使用を禁止している。また、他の裁判所のある裁定はそれゆえ聖書の使用が合法的であることを認めた。アメリカの立法者たちの原理的な誤りは、新約聖書を教えることを自明の真理として受け入れながら、教条的、狂信的な授業を努めて避けるなかで、彼らが様々なキリスト教宗派に分ける信条だけを教義と見なしたということである。そのような立法は、矛盾が避けられず、曖昧である。州立学校では、宗教は哲学的、歴史的見地からのみ教えられるべきであり、教条的主張はどのようなものであろうとも私的教授に留めるべきである。この「宗派的授業」という言葉の曖昧さは別として、アメリカの立法は、教育の非宗教化の問題をフランスやロシアよりも巧みに解決している。地方当局や州自体は、どのような「宗派の」学校も援助することを禁止されているが、宗教的な共同体、私的集団や個々の市民たちは、私立の宗派的学校を設立し、維持する十分な自由が与えられている。

教会と国家の関係の第三の問題は、双方がある理解に達し、また若い世代を教育することで相互に各々が助け合うことである。ここで、また協同の二つの典型的な形態があるであろう。一つは協同がすべての学校を包括するものであり、もう一つは地域が二つの組織のあいだで分けられているものである。例として、ドイツとイギリスの立法を取り上げてみよう。第一次大戦前のドイツでは、二つの国立学校群があった。一つは宗派的で「単一宗派学校」と呼ばれ、他はすべての宗派に共通で「宗派混合学校」と呼ばれていた。バイエルン、ヴィルテンベルク、オルデンブルクは概して宗派学校を持ち、ザクセン、バーデン、ヘッセンは概して宗派混合学校を持っていたし、プロイセンは両方の学校を持っていた。ドイツ全体は、教会が宗派的制度に賛成する保守的なものと、宗派混合制度に賛成する自由で急進的なものと、対立する二つの陣営に分かれていた。しかし、両方の制度は維持され、邦によって教会と協同で運営されていた。その違いは、宗派学校では生徒と教師は同じ教会に同様に属していたことであり、他方「混合」学校では生徒と教師はあらゆる宗派から集まってきていたことであった。両方の型の学校では、宗教は必修科目であり、それぞれの教会の聖職者によって教えられていた。認められていない宗派に属する子どもたちは、学校で与えられる宗教の授業を免除されていたが、しかしその場合は親たちが後で私的に与えることが義務づけられていた。宗教の教育課程は、それぞれの教会当局によってすべて念入りに作られていた。宗派の小学校の、特に田舎の教師たちは、学校の職務と寺男や教会のオルガン奏者の務めを兼務しなければならなかった。前記のことから明らかなように、宗派学校はある教会とその影響に密接に結びついていた。宗教以外のすべての教科は、常に宗派的な偏見無しに教えられたので、宗派混合学校は好ましい例を提示している。宗教教授の時間中、生徒たちは宗派ごとに分けられていた。これらの学校は、一八三一年にアイルランドで国家教育委員会のもとに設立された制度に似ていた。アイルランドでは、国立学校の七五パーセントが事実上純粋に宗派的であったので、その制度が失敗であったことが判明した。宗派混合学校が設立されたドイツの諸州では、一般的に宗派混合学校が実際上プロテスタントの地方はプロテスタント、カトリックの地方はカトリックになる傾向があった。顕著であった宗派的制度の欠陥は、主要なドイツの教育家たちすべてに認識されていた。宗派学校は、全教科をその固有の見地から教えたし、歴史と文学、時には科学でさえ著しい偏見があった。州は、すべての学校を維持し、管理した。例えば、二つの隣接した州立学校において、ドイツの歴史は全く反対の方法で解釈されていた。それは、国家統一には有害であり、また宗派的感情を造りだした。「宗派混合学校」では、両派の教会に属していた教師陣は、宗派的偏見を排除することに努めたが、しかし宗教の授業のあいだ、すべての生徒たちは二つの分離した集団に分けられ、それぞれ固有の信条が教えられた。この取り決めは、単なる宗派的な偏見をある程度は改善したが、しかしそれはまた宗派的感情を支えていた。さらに、認められていない宗派と不可知論者たちは、学校で何の宗教も教えられなかったし、子どもたちは「異教徒」として大変目立つ状態に置かれていたのである。

一九一八年のドイツ革命と、それに続くワイマール憲法は、大きな変化をもたらさなかった。憲法一四六条によれば、公教育は階梯的制度として組織されるべきであった。すなわち、「中等教育、高等教育は、すべての者に共通な小学校に基づいている」のである。このすべての者に共通であるという言葉は、曖昧であり、様々に解釈できる。最初の草案では「すべての階級と宗派に共通」であったが、修正によって「階級」と「宗派」の二つの言葉が削除された。立法者たちの意図は、大変明白であったが、しかし政党間の妥協に屈服してしまったのである。同じ一四六条の第二項は、共同体は親たちの要請に従って宗派の学校と非宗派の学校を設立する権限が与えられていることを説明しているし、またこの取り決めによる限り、共同体が制度的な教授組織を崩すことはできない。このような方法で、ワイマール憲法は古い三つの宗派(ローマ・カトリック、プロテスタント、ユダヤ)にただ新しい非宗教的な型を加えることによって、州の宗派学校の正当性を強固なものとしたのである。

ドイツのすべての州のなかで、ザクセン州だけが、一九一九年七月二二日の法律の第二条で、教育の完全な非宗教化の導入を試みたが、しかし一九一九年の憲法に反することとして、一九二〇年にはそれを廃止しなければならなかった。現在は、革命以後に設立されて、またマルクスの理論に基づいた著しい「プロレタリア的」な性格を持っている二ないし三の非宗教的な学校の教育課程を除いて、ドイツのすべての州立学校の教育課程には宗教が含まれている。州と教会の協同は、種々の州において相当違っているが、バイエルン州とザクセン州の二つの極端な事例を取り上げてみよう。一九二五年一月一五日、バイエルン州はローマ教皇庁と協約を結んだ。それによると、すべてのカトリックの州立学校では、カトリックの教義と宗教的慣習の知識を明証できたカトリックの教師たちのみが採用された(第一条、第二条)。ローマ・カトリックの権威者たちが小学校の教職志願者の試験で選出されなくてはならないのであるが、修道会や宗教会派の構成員も普通の人とともに同じ基準で任命されなくてはならないのである。宗教は、すべてのカトリックの州立学校では普通の教科であり、その教授の監督はローマ・カトリック教会に委ねられている。また、修道会や宗教会派は、私立学校を設立し、維持する権利を持っているので、州の法規が守られているならば、その私立学校は州立学校と同等のものとして認められるべきなのである。同様の合意が、ババリア州によって二つのプロテスタントの教会（ルーテル教会とプファルツ[14]の教会）とで結ばれた。これらの法律により、教育の以前の宗派的性格は完全に保持された。ザクセン州は、完全な非宗教化を放棄しなければならなかったけれども、すべての州立学校が混合となり、私立学校が禁止された（一九一九年七月二二日の法律、第六条）ので、法律によって宗派学校を禁止した。一九二一年七月一五日の特別連邦法によれば、宗教教授か、あるいは完全な非宗教教授かの形態は、親たちによって決定される。新ドイツ憲法は、この問題を十分に解決することに失敗し、これまで実施されてきたことを少し修正しただけであったことが、我々には分かるのである。

国家と教会の協同の第二の例として、イギリスの立法を取り上げてみよう。それは、いわゆる「二元制度」に代表される。一九二一年の教育（統合）法の規定によれば、（地方当局を通じて）州によって維持される（一）州会学校と（二）非州会学校の二つの群がある。前者は非宗派の学校であり、宗教教授はただ聖書を読むことから成っていて、教理問答が少しも教えらず、正式に禁じられている（二八条）。親たちは、子どもたちが聖書を読むことさえ免除させてよいし、免除を容易にするために授業日のはじめと終わりに出席しなければならない聖書朗読の時間さえ免除させてよい。非州会学校は、他の宗派の生徒たちも入学が許可されるべきであるが、宗派の学校である。親たちは、州会学校におけるように、彼らの子どもたちを宗教教授から免除させる権利を持っている（第二七条）。第二九条には、地方当局（州）によって維持されている非州会学校の運営で、遵守されるべき条件を定めている。非州会学校の運営者は、全く税金によらないで校舎を整え、彼らによって用意された基金から校舎を修理し、地方当局から合理的に要求されるかもしれないので、建物の改修や改築を準備しなくてはならない。彼らは、宗教以外の教授に関して、地方当局のどのような指導をも遂行しなければならない。宗教以外の教科の教師の採用と解雇は、教育上の理由以外では控えられるべきでない地方当局の同意においてのみ遂行される。このような条件に合致しない宗派の学校は、文部省や地方当局からのいかなる助成金も受けることはできず、有志の努力によって維持されることになる。この制度は、イギリスの教育の歴史的展開の結果であり、両派が満足できない二つの対立する原理の妥協なのである。州の非宗教的な教育の支持者は、非州会学校の宗派的偏見に不満であるし、宗派的教育の支持者は、州会学校で与えられる教育課程に宗教の編入を要求するのである。両派は、現在の二元論に反対していて、昔の「宗教紛争」を復元させる恐れのみが、政府に改革を控えさせている。この制度の欠点は、何であろうか。州会学校は、教育課程から我々の文化・宗教の最も重要な要素の一つを除いている。聖書の朗読は、影の薄い代用であり、むしろどの子もそれから免れることができるように、授業要綱の実施上の部分では存在しないのである。歴史的、哲学的な解釈なしに、偉大な文化遺産である聖書を簡単に読むことは、誠に僅かな教育的価値しか無いのである。非州会学校では、宗派的偏見が既定の事実であり、また明らかに宗派的な感情を導いている。州は、学校を維持するが、州の学校で宗教を教えることがどのようなものであろうとも、影響力を持っていないのである。異議のある親たちは、彼らの本心とは反対にイギリス国教会の非州会学校にたびたび子どもたちを入学させなくてはならない。財政上の債務が宗教団体に重く降りかかり、結果として非州会学校は概して修理がなされず、設備が悪いのである。国家における経費の調整の欠如をもたらす二つの制度のあいだには、一定の競争が存在する。ベルギーとオランダでは、同様な二元制度が両派の要求を満足させるために導入された。実際は、多くの自治体に二つの国立学校が、一つは宗派的な学校、もう一つは非宗教的な学校が平行して存在する結果となった。この方法では、費用がほとんど二重となり、地域共同体は、良い設備と良い教師のいる一つの学校の代わりに、生徒が少なくみすぼらしい二つの学校を持つことになる。

イタリアは、全体主義政府によって特別な関係が確立され、国家と教会の協同の第三の例を提示している。前の文部大臣G・ジェンティーレは、よく知られたヘーゲル学派のイタリアの哲学者である。彼の理論によれば、ローマ・カトリックの宗教形態はイタリア人の性格の発展の必然的な段階であり、それゆえその特別な信条がすべての国立学校で教えられなければならない。しかし、発展における次の段階はヘーゲルの哲学でなくてはならず、中等学校や大学ではローマ・カトリック教会の教義の授業は理想主義の哲学によって取って代わられるべきなのである。ジェンティーレは、ムッソリーニから独裁的な権限を受け、強い反対にもかかわらず一年間のうちにイタリアの教育を変革した。宗教は、変革以前はイタリアの公立学校に無かったのであるが、宗教がふたたび導入されたのである。しかし、宗教の教師は常に政府によって聖職者でない教師たちのなかから任命され、ジェンティーレの教訓に従って宗教を教えなければならないのである。教会は宗教の教師の任命と授業要綱について助言することができるが、決定的判断は世俗の当局に残されている。ジェンティーレ自身は、彼の制度を「現世的」と呼び、宗教が発展の準備段階として現世的な目的に従っている限り現世的と呼ぶのである。ローマ教会は少しもその立場に満足していないし、イタリアの解決はただ一時的な性格のものであって、最近結ばれた協約が示しているように、一層の展開があるであろうことは明らかである。

国家と教会の関係についてのこれらの例から、短所から免れる解決は一つではないということが分かる。歴史的、理論的な考察の上で、民主主義の根本原理に一致するであろう政策を詳しく述べてみよう。この問題を取り扱う際に、二つの明確に異なる問いを区別しなくてはならない。第一は国立学校の宗教の授業であり、第二は宗派の学校への国家の関係である。

現代の民主主義国家は、幾つかの不道徳な宗派を除いてすべての宗教を認めているし、また等しい文化価値としてすべての宗派を認めていて、立法は宗教的信条によって国民を差別しない。多くの国々では、宗教についての情報は常に統計上の抽象に含まれている任意的なものであり、多くの国民が情報を提供することを辞退する傾向にある。諸宗派が地域的に非常に混在するので、同じ信仰を持つ単一の居住民は辺鄙な田舎の地方においてのみ見られる。このような事情のなかで、多くの国々は国家の宗派的な学校の実施を断念し、宗派混合の学校を設けている。しかしながら、この政策は実際的な考慮だけから追求されるべきではない。現代の国家は、文化的な国家であり、宗教的な国家ではない。宗教と文化は、歴史的には緊密に結び付いていたけれども、究極的には同一ではない。宗教的見地からは、文化は救済の方法としての手段的価値しか持っていない。しかし、文化は素朴な人の宗教的信念の徳によって成し遂げられるかもしれない。反対に、現代の国家は、文化の発展のなかで国家の正当性を理解しているし、本質的価値を有する目的自体としての国家なのである。それゆえ、国家と教会の究極的な目的は同一ではなく、ある程度対立している。さらに、どの教会の宗教的目的も、その定義に反対でないにしても、現代の民主主義の任務外にある。このことから、国家は純粋に宗派的な教授に関心もなければ、それに資金援助をすることもできないことになる。我々が言う「純粋に宗派的」教科の「宗教」は、一般的な文化的な価値事象を含むので、どの子どもにも教えられなくてはならない。宗教の現代の授業要綱は、宗教の歴史やキリスト教会の歴史、キリスト教文学と芸術、キリスト教道徳と教理問答、儀式と教会参加を含んでいて、種々の教材が同じ指導のもとに込み入っているのである。たとえ国家がその国民の宗教的な救済に関心がないとしても、国家は文化への宗教的な影響を無視することはできない。今日の学校は、文化遺産の一部である宗教の歴史やキリスト教会の歴史、キリスト教芸術と文学、キリスト教道徳という題材を教育課程から除外することはできない。それらを無視して子どもたちを教育することは、それらを奪うことになるであろう。これらの題材は、国語や国の歴史や地理と同じような方法で、何の例外もなしにすべての国立学校のすべての子どもたちに教えられるべきである。それらの題材は、学問的な資格と宗派に関わりないという廉直さによって国家により任命された聖職者でない教師たちにより教えられるべきである。もちろん、聖職者でない教師たちも党派的な政治や経済の意見を持っているのと同じように、宗派的な信念を持っているであろうが、彼らが授業中にそうしたことを宣伝するとは思われない。「宗教」の題材の他の部分、すなわち教理問答や儀式と教会への参加は、国家と結びついた方法であってはならない。様々な宗派の要求に応じるために、また子どもたちに宗派の授業に出席する機会を与えるために、国家は午後の時間を週に一度、授業日から免除してよい。そうした授業に出席することを希望する子どもたちが非常に多く、受け入れ用意が宗教団体に無い場合、地方当局の同意のもとに、学校の建物がある条件下で使用のために提供されてよい。このように、地域社会の純粋な要求は、国の教育の非宗教的な性格を変えることなく充足されるであろう。しかしながら、そのような授業の組織と財政は、完全に宗教団体の手で行われなくてはならない。

私立の宗派的な学校の第二の問題は、一般的な立法(第三章参照)に従って解決されなくてはならない。私的な個人や組織が学校を設立することが許可されるならば、宗教的組織や教会は明らかに同じ権利を持つべきであろう。この点に関して、他の組織に許可していることを宗教会派に禁じているフランスの立法は、矛盾している。教会や他のすべての宗教団体が、必要と考えるべき何らかの教育課程を持つ宗派の学校を設立し、維持することは自由でなければならない。しかし、そのような学校は、大蔵省や地方当局による助成を受けるべきではないし、完全に有志の援助によって維持されるべきである。就学義務年齢にある子どもたちは、宗派の私立学校が国家の監督の対象となるという条件のもとで、そうした学校に行くことが許されるべきである。視学官は、教育の全般的な水準が国立学校の水準より低くないということで、満足すべきである。このことから、すべての宗派の神学校は、完全に有志の寄附によって維持されるべきであり、国立大学と結びつけられるべきでないということになる。しかしながら、国立大学は、国立学校の宗教科の教師たちを養成する非宗教的で聖職者でない教授たちのいる神学部を含むべきである。そのような学部が可能であるということは、アメリカ合衆国のハーバード大学の非宗派的な神学校によって証明されている。同校の発表物は、授業要綱が神学と関連するあらゆることを含んでいて、神学は我々の大学で研究される哲学や歴史や古典文学と同じ自由な精神で研究されるべきであると述べている。もちろん、この公平な科学的態度は小学校では不可能であるが、しかし小学校でもある種の公平さが達成されるべきであり、その点で公立の小学校と中等学校の宗教教授に関するケンブリッジ大学の講義要綱は、正しい方向への第一歩となっている。

第三章　国家と家族

家族に関しても、前章で触れたと同じ教育政策の三つの典型的な形態が、国家によって実施されるであろう。国家は、子どもたち自身の利益の擁護を全く試みることなく、子どもたちに関して独裁的な力を「家長」[15]に与えることができる。ローマの国策はそのようであったし、ローマでは父親は、父親自身の子どもたちへの法の立法者や裁判官であったし、また執行官であった。彼は、死罪さえ課すこともできれば、国家の干渉なしに自分の子どもを殺すこともできた。このローマ的な見解はローマ帝国を生き抜き、最近まで幾つかの習慣が生き残っていた。しかし、近代国家の台頭とともに、親たちの力はなくなり、立法によって制限されたのである。現在、この極端で時代遅れの家族法の形態の復活という問題は少しもない。

第二の極端な形態は、共産主義的な政策によって代表される。プラトンは『国家』のなかで、その理念的な説明を与えている。それは、家族の完全な消滅となり、国家によって定められた妻たちと子どもたちの共同体を確立することになる。この政策によく似たものとして、現代のソビエト・ロシアの立法、否、むしろ共産主義の立法者たちの傾向を指摘できるであろう。なぜなら、現行の法律とその実施は、家族を社会的単位として認めているからである。共産主義の論者たちによれば、「家族は個人的、利己的であり、家族で教育された子どもはほとんどの場合、反社会的で利己的な性癖に満ちている」（リリナ）。しかしながら、ソビエトは過渡期のあいだ、家族を認めることを決めた。なぜなら、共産主義社会を直ぐに設立できなかったからである。そうした理由のために、ソビエトの法律は家族と家庭の教育を廃絶していないし、ただ国家の監督を設けているだけである。ソビエト法令の第一五三条は、「親の権利は**もっぱら**子どもたちの利益においてのみ主張され得る」と述べている。一九二一年に「子どもたちの社会的観察」という大変詳細な法律が制定され、また以前にも「児童福祉」に関する幾つかの法律が発布されていた。

大きな町の産業化と家庭に両親が常にいないことは、家族生活のある種の崩壊をもたらした。問題は、国家がこの過程を進めるべきか、あるいは社会の基本単位として家族の再生と保護に努力すべきかということにある。共産主義者たちは、家族は共産主義への発展を遅らせるので解体されるべきであると、躊躇なく答える。国家は、国の託児所と幼稚園を設立しなければならないし、すべての子どもたちを国家の子どもたちとして教育しなければならないのである。そこでのみ、子どもたちは「家族の有害な影響から免れ、共産主義のイロハを身につけることができるであろう」（リリナ）。プラトンの現代の後継者たちが法律で性交渉を規定しないことを除けば、この理念は全くプラトン的である。家族を利己的、反社会的なものとして告発することに、どれほどの真実があるであろうか。確かに、そのように利己的、反社会的と性格づけられる家族もあるが、人間社会の基本単位としての「家族」は利己的でもなければ、明らかに反社会的でもない。むしろ、その拡大された「自我」である個人は、家族のなかでのみ愛他主義と社会生活の初歩を学ぶことができるのである。また、国立の託児所と幼稚園は、画一化を促進させるだろうし、個人の差異を消し、利他的な感情や社会的意識をほとんど創造することができないであろう。まさに、人間の社会は、蟻の社会と異なる。なぜなら、人間社会の構成員は誰でもその固有の経験を持つ個人であり、また全体の社会構造は同形の煉瓦で造られているのではなく、特有の個々人から造られているからである。多分、ある人の心には、共同社会の生活にともなう巨大なバラックや国の託児所や幼稚園、国の洗濯屋や台所、日雇婦たちやある部門の国家公務員としてのすべての住民たち、国家によって規定されたすべての生活などの写真が大変魅力的なのである。そのことは、明らかに自発性の終わりと人間本性の限りない変化の終わりを意味するであろうし、またそれは発展の終わりを意味するであろう。個性は、特有の伝統や分別を持ち、愛の雰囲気と相互扶助のある家族の親密な雰囲気のなかでのみ成長するのである。現代的な装置と最高の医療管理や最高に訓練された看護婦を有する国立の託児所は、決して生来の愛情と実の母の世話に取って代わることはできない。家族は、社会生活の発展における本来的で必要な構成要素なのである。共産主義者たちは、家族を破壊するなかで人間社会の基礎を崩壊させている。家族生活は、国家によって維持され、また保護されなくてはならない。しかし、それは家族が自己満足し、援助や監督が必要でないことを意味しているのではない。最良で最も調和ある家族でさえ限界を持っているのであり、犯罪者や飲んだくれと乞食の家族や同類の人たちは、良い教育の例として役に立たない。そこで、国家が子どもの卓越した保護者として入り込むのである。

第三の政策の形態は、民主的と呼ばれるものであり、それゆえ家族と国家の協同に基づいている。親たちはその子どもたちを教育する根源的な権利を持っているが、しかし親たちが彼らの義務を悪用したり、彼らの子どもたちの現代文化を習得する機会を奪うならば、そのときにのみ国家が干渉し、教育を国家の手で引き受けるのである。民主的な政策は、すべての者の機会の平等を目的としなければならない。子どもは、その人間に最もふさわしい環境のなかで、すべて最善なものを発展できるのである。どの子も両親から受けついだ身体的、精神的な特性を持っているので、それゆえ両親が子どもの幸福の最良の保護者である。国家は、親たちがその義務を果たし、理想的な家庭を形成することを援助しなければならない。教育政策以外のことであるが、多数の家族の医療管理や家計への財政的な援助が民主的政策の一部を形成しなければならないのである。

一九世紀のあいだに、ヨーロッパの先進諸国やアメリカは、親の権限を制限する基準や国の監督を確立する基準を承認した。しかし、子どもの福祉に関する体系的な立法は、二〇世紀の初頭になってやっと導入された。一九〇五年四月一四日、デンマークは犯罪者と放置された子どもや青年に関する法律を可決した。一九〇七年一二月一〇日のスイス民法は、これに関する詳細な立法を含んでいる。一九〇八年一二月二一日のイギリスの児童法[16]と、一八八九年と一九一六年の法律を修正した一九二一年一一月一五日のフランスの法律や、一九二二年七月九日の子どもと青年の福祉のためのドイツ連邦法は、現代の立法の申し分ないものと見なされてよいであろう。

この立法の基本原理は、家族が子どもたちにとって自然で最良の環境であるということである。これらの法令は、どれも原則として親の権利に異議を申し立てていない。ただ、親たちは、怠惰で罪を犯した場合のみ、彼らの本来の権利を失う。一九二二年七月九日のドイツの法律は、これを次のように定めている。すなわち、「ドイツの子どもは誰でも、その身体的、道徳的、社会的な諸能力を発達させるべき訓育と教育を受ける権利が与えられている。この法律は、親たちの子どもたちの訓育と教育に関する権利と義務を損なうものではない。この点を法律が監督すべきでないならば、そうした教育や訓育が法的にあるとする党派の意志や欲求を阻止すべき方法はないのである。子どもの家族が子どもに受ける権利のある教育を与えることができない時は、青少年救済局(公的な若年者救済)は、私的な慈善団体によって行われるかもしれないことを何も妨げることなく、介入しなければならない」(第一条)。「青少年の公的な救済の仕事は、法律がそのことに適切である、特に学校のような他の公的な法人や団体を認めない限り、青少年の世話をする当局(児童福祉局、地方の児童福祉局と国の児童福祉局)によって行われなければならない」(第二条)。この法律は、子どもの能力に合わせて十分な教育に関するあらゆる子どもの権利を最初に宣言している。これは、確かに大変な意味を表しており、またドイツの実施がまだこの理想から大変遠いけれども、国家がそれを目的として公に認めなくてはならなかったことは、極めて重要である。この第一条は、教育の三つの代理者を非常に巧みに区分している。すなわち、家族と私的組織と国家であり、それぞれに各々の義務を与えているのである。

フランスとイギリスの立法は、一般的な原理を宣言する代わりに、国家が介入するすべての例を挙げている。一九二一年一一月一五日のフランスの法律(第二条六項)は、親が子どもに対する犯罪で有罪判決を受けたならば親の権利は取り上げられ、また親が懲役を宣告されているならば、親はその年数の期間と、あるいは市民権の失効をともなう投獄の期間、親の権利が取り上げられると述べている。そのような有罪判決の親は別として、虐待と常習の飲んだくれなどの名うての下品な行動や怠惰の悪例と、あるいは怠慢により子どもたちの健康と安全や道徳性を危うくするひどい不注意などによっても、また親の権利は取り上げられる。一九〇八年のイギリスの法令は、親権の剥奪の例を次のように定めている。「子どもや若年者の保護や監督や世話をする人が(この法令との関連で)裁判や拘束を通じて有罪や犯罪とされている場合、裁判所は子どもや若年者をそのように有罪とされている人や、裁判中や拘束中の人の保護や監督や世話から連れ出すことができる。そして、裁判所によって命じられた子どもや若年者や、それに応ずる他の者は、その関係者の世話に委ねられる」(二一項)。第一条は、この法令のもとでの違反を規定している。すなわち、「子どもや若年者の保護や監督や世話をする一六歳以上の者は誰でも、子どもや若年者を故意に暴行したり、虐待したり、無視したり、見捨てたり、危険にさらしたり……そのように子どもと若年者を不必要に苦しめ健康を害するならば、そうした者は不行跡で有罪とされなければならない」。「この法令のこの部分は、いかなる者も除外されるべきではないし、あるいは子どもへの罰を行う親の権利に影響すると解釈されるべきではない」(三七項)。子どもたちの道徳的な安寧は、次の章句によって規定されている。(一)乞食をしたり施し物を受けている、(二)うろついたり家庭を持たない、(三)困窮、両親や片親が投獄されている、(四)有罪や常習の飲んだくれのために、子どもの世話に不適切な親のもとにある、(五)名うての泥棒や常習の売春婦の仲間にたびたび加わっている(子どもの親が売春婦であったとしても、適切な保護と堕落させるものから子どもを守るように相応な面倒を見るならば、彼女は親の権利を失わない)、(六)売春の目的のために売春婦が使っている家に泊まったり、住むことなどである。

このように、国家は子どもたちが身体的、道徳的に顧みられないすべての場合に——ドイツでは知的に顧みられない場合も――介入する。ドイツの法律の第五六条項は、「未成年者は誰でも身体的、知的、道徳的に顧みられないことを防ぐために、相応しく適当なものと思われる場合、予防的な監督のもとに置かれるべきである」と述べている。イギリスでは、予防監督は一九〇七年の保護観察法令のもとで設立された保護観察局に託される。国家の予防の場合、監督と教育の費用は国家によって負担される。この国イギリスでは、公認の学校（教護院、授産学校[17]や通学授産学校）の費用は、「議会によって用意された経費で支払われなければならない」。「負担金は、週最高二シリングを超えてはならない」。残りの経費は、地方当局によって用意される。親たちは、そうすることが可能であるならば、認可された学校で子どもを扶養するために、地域に与えられた維持費用の標準に相当する総額を負担しなければならない。ドイツの法律は、費用は当局により支出されるべきであると述べている。すなわち、第四九条項は、「貧しい環境にある未成年者には、彼らが病気の場合の医療の世話や看護と同様に、彼らが生計をたてることができるような訓育の要件と教育を含む養護や保護に関する用意がなされなければならない」と述べている。彼らの死には、手続きとして、彼らがきちんと埋葬されなくてはならない。第六二条項は、「思慮深い訓育と教育が、自暴自棄を終わらせ、未然に防ぐために意図されている。それは、当局の統制下にある共同体の費用でまかなわれているし、家族や公的組織に与えられる」。州の監督のすべての場面で、子どもの宗教的信念が考慮され、親と同じ信条のもとでその子どもを教育するために適切な指導が行われる。ドイツの法律でさえも、「宗教だけでなく、可能な限り未成年者の信念が考慮されなければならない」と述べている（第六〇条）。これは、自由な思想の持主や不可知論者を保護するために追加されたものである。

現代の立法のこれらの例は、いかに民主的な諸国が子どもたちの利益を犯罪的で義務を怠る親たちから守っているかを示している。しかし、国家の介入がその目的ではない。現代の民主主義は、最も良心的で教養のある家族であっても、若い世代の教育の問題は家族によって完全に決定されるべきであると、任せておくことができない。一定最小限の知識が、どの子どもにも保証されなければならない。ドイツの法律は、あらゆる子どもの権利として、十分な教育を受けることを規定している。義務教育の政策が、この原理に基づいているということを見てきたが、その問題は第一章で取り扱ったので、ここでは家族の私的な教育の権利だけを論じよう。民主主義は、言論と宗教的信念の自由に基づいている。この自由は、もし国家がある公的に受け入れた教義に従って子どもたちを教育することをすべての国民に強制するならば、明らかに危険なものとなるであろう。それが、イタリアの全体主義の政策やロシアの共産主義の政策が非民主的であるという理由である。第二章で概説した非宗派的、非宗教的な学校は、住民のある集団には受け入れ難いかもしれない。彼らには、現行の憲法に反対する理想でない限り、自分たちの子どもを自分たちの理想に従って教育する選択権が与えられなければならない。すべての言論に十分な自由を与えている民主的な国家は、憲法の暴力的、革命的な変革への扇動を許すわけにはいかない。民主主義は、憲法改定のあらゆる機会を与えているが、しかし民主主義は特定の政治的、宗教的な集団の宣伝を奨励できない。すでに例として挙げた親たちを除いて、すべての親には子どもたちを自分の費用により家庭で教育する権利があるが、しかし国家は必要最小限の教育が子どもたちに与えられることを確実にするために、この家庭教育を監督しなければならない。親が革命的宣伝や暴動を扇動して有罪でない限り、自分の理想に従って彼の子どもたちを教育することは自由である。幾つかの家族が自分たちの子どもを教育するために共同して私立学校を設立する場合は、事例が異なる。そのような学校が非憲法的な主義に基づいているならば、社会的に危険なものとして禁止されなければならない。非憲法的な主義に基づくとは、憲法の暴力的変革の必要性を宣伝する政治的、宗教的な教えのみを意味している。

現代の立法の例として、ドイツとフランスとイギリスの法律を取り上げてみよう。革命後のドイツの立法は、極めて明確に階級対立や階級的心理の存在の廃絶を目的としている。それゆえ、すべて国民は可能な限り子どもたちを州の小学校に通学させなければならない。連邦憲法の第一四七条は、次のように述べている。すなわち、「公立学校の代用として私立学校は、国家の同意を必要とするし、州の法律に従う。私立学校は、その目的や組織において、公立学校と同様に教師たちの科学的修練が劣っておらず、また親たちの財政状態によって生徒たちの差別が進行されなければ、同意が与えられるであろう。教師の経済的、法律的な立場が十分に確保されていなければ、同意は控えられる。私立の小学校は、少数者の親（保護者）たちにとって地域社会で自分たちの宗派やイデオロギー（世界観）に合う公立の小学校がない場合か、あるいは当局がそのような私立学校に教育学的な特別の興味を認めた場合にのみ認可される。私立の予備校は、閉鎖されるべきである。公立学校の代わりとして役立たない私立学校は、以前に定められた法律に従う」。この条項は、すべての宗派や無神論や不可知論の団体に、そのような性格の公立学校が近隣にない場合、彼らの私立学校を設立する権利が与えられているということを意味すると解釈されてよい。しかし、階層の異なる全住民のために、血統や財産によって分け隔てをする私立学校の設立は禁止される。これは、常に上流階級によってしばしば行われてきた予備校の禁止を、特別な動機とするものであった。国民の貴族的な集団や富裕な集団が彼等の子どもたちのために彼等自身の費用で分離的な学校を持つことを望むならば、彼等がそうすることを許可すべきである。授業料が不要でよく整えられた公立学校は、大変費用のかかる私立の教育機関との競争に耐えるところのものとなろう。他方で、もし国立大学が国公立学校の生徒に優先権を与えるならば、貴族的な集団と富裕な集団は自分たちの費用で彼らの子どもたちのために独自の大学を保持することを余儀なくされるであろう。彼らが彼らの思い違いの優越感のためにそうした財政上の犠牲を進んで払うならば、確かに彼らは自分たち自身の学校を持つ権利がある。ドイツにおける家庭での私的な教授の同様な制限は、階級的排他性を和らげることを意図している。小学校令(基礎学校法)[18]の第四条は、「幾つかの家庭の子どもたちの共同教授や一人の子どもの私的教授は、その理由に即して特別な場合や例外としてのみ、公立小学校の代用として許可される」と述べている。そうした例外的な対応の理由の例は、それぞれの子どもたちの「健康状態を特に危うくする」ものや、「学校までの尋常でない長い道」といったものである。公立学校への宗教的、政治的な異議は、理由として受け入れられない。法律は、事実上家庭での私的教授を禁止している。ドイツの法律のこの厳しさは無意味である。なぜなら、実際に裕福な親たちは、必要であれば子どもたちを海外に留学させることによってでも、公立小学校を避ける方法を常に見つけるからである。原理としては、家庭での私的教育は、子どもたちが十分な教授を受けることを当局に証明できる親のすべてに、自由に許されるべきであろう。

この点に関し、イギリスとフランスの立法は、個人の自由を一層両立させている。一九二一年の(統合)教育令は、次のように親の義務を規定している。すなわち、「五歳から一四歳のあらゆる子どもに読み・書き・計算の有効な初等教育を受けさせることは、その子どもの親たちの当然の義務である」(第四二条)。地方の教育当局は、次の場合に介入する。(一)子どもの親が常習的に、また正当な理由なしに子どものために有効な初等教授を怠る場合、(二)子どもが常習的にうろつき、正当な統制下になく、ならず者や浮浪人、狂人や名うての罪人などの悪い仲間のなかにいるのが発見された場合(第四三条)。就学命令が取られる場合、親は有効な私立や公立の小学校のどちらかを選ぶことができる。法令のこれらの条項は、親が十分に与えることができるならば、宗教的信念や家庭教育の信念に従う小学校の自由な選択を親に与えているのである。

一八八二年三月二八日のフランスの法律は、理論的に選択の全面的な自由を与えている。すなわち、第四条で「初等教育は六歳余りから一三歳余りまでの男女の子どもたちの義務である。それは初等や中等の教育のために既成組織において、また公立か私立の学校で、あるいは父親自身か父親に選ばれた誰かによって家庭で与えられる」。しかし、第一六条は、家庭で教育されたすべての子どもたちが毎年国家委員会の視学官か、また他の委員によって試験されるべきであると述べている。もし、試験官が子どもの知識が十分でないことを、すなわち公立小学校に相当する学年と同等でないことを発見したならば、親たちは直ぐに子どもをどこかの学校に通学させなければならない。しかしながら、実際には私立学校の設立は、多くの形式に取り囲まれているし、また当局は常に既存の私立学校の閉鎖や、新しい私立学校の設立に同意を与えない口実を見つけることができる。その傾向は、ドイツにおいても同様であり、すべての子どもたちに公立の州の学校への登校を強いている。

この点に関し、アングロ・サクソンの伝統は、私立学校の存在がどのような禁止的な立法にも妨げられないように、選択の真の自由を与えている。例として、アメリカ合衆国のオレゴン州の事例が役立つであろう。一九二二年一一月七日の総選挙で、オレゴン州の人々は、一九二六年九月以降は州のすべての私立と教区の学校が公立学校に移行しなければならないということを提案した法案を採択した。この事例は、最終的に連邦最高裁判所に持ち込まれ、裁判所は一九二五年に「親たちと保護者たちの統制のもとで、彼らが子どもの養育と教育を指導する自由に介入する」基本的に非憲法的な法律を採決した。裁判所は、さらに続けて付け加えている。すなわち、「この合衆国のすべての政府が基礎に置いている自由の根本理論は、公立の教師だけから子どもたちに教育を受けさせることによって、子どもたちを標準化しようとする州のどのような全般的な力も排除したのである。子どもは単に州の被造物ではないし、高い義務感を持って子どもを育て、また子どもの運命を導く人が子どもを認め、さらに子どもに義務を用意する権利を持っている」(E・カバリー著『州立学校行政』)と。

さて、家族と国家の関係の他の側面を検討しよう。国家はある場合には家族の内的生活に干渉する権利を持っているが、しかし家族もまた確かに国の学校で与えられる教育に影響を与える権利を持つべきである。もちろん、通常それぞれの家族のすべての成人の構成員たちは、一般に政治上の選挙における投票によって教育政策に影響を与えるが、しかし我々は家族と地域の学校との関係における一つの単位としての家族を述べているのである。すべての教育改革者たちは、一般的に学校と家族は別々にその生活をしていてほとんど共通なものを持っていないと、常に不満を述べている。親たちにその義務を教育し、親たちと教師たちの心を通い合わせるために、特別な親たちの協会が創設された。このようにして、一八八四年アメリカ合衆国のシカゴで母親大会が持たれ、それは後の一八八七年には国家的な広がりに拡大した。一九〇四年に全国母親会議がＰＴＡを包括し、現在この連合組織は国の総指導部を持ち、すべての州(ネバダ州は除かれている)に州組織と地区組織を持っている。この協会の一般的な目的は、それぞれの地方組織が持っている他の目的が何であるかにかかわらず、(一)教育の目的とその実現をより十分に理解し、(二)地域の学校とその必要性を知り、それらに応じるために援助し、(三)学校と地域社会を結びつけ、(四)学校の選択に知的関心を獲得することである。その影響は大変有効で非常に重要であるけれども、これらの協会は完全に有志的なものであり、教育のアメリカの制度のなかでは法的な地位を得ていない。

一八八八年、イギリスで設立された全国父母教育連盟(一九二一年に合併)は、全く別の組織を持ち、個々の学校と結びついていない。それは、次の目的を持つ親たちの国家的連盟である。すなわち、(一)すべての階層の親たちが教育の最良の原理と方法を理解するのを助けること、(二)彼等に協力と相談の機会を保証すること、(三)教育のより多くの統合と連続性を確実にすることである。連盟は、中等の通信教育の学校と師範学校を持っている。しかしながら、アメリカとイギリスのこれらの両方の組織は有志によるものであり、学校と必ずしも結びついていない。両方の組織は、個々の家族を代表していないし、それらの地域の学校に個々の家族を近寄らせていない。両方の組織がある程度学校と家族の結合を達成すれば、間接的に達成することになるのである。学校と家族を結合するためには個々のどの学校も、学校生活の真の興味を獲得すべき生徒たちの親の委員会を持たなければならない。そうした委員会は、法律によって設立されるべきであるし、明確に定められた役割を持たなくてはならないのである。

一九〇五年、フランスのパリで、カルノ高等中学校の親たちが自分たちの協会を結成した。その例は他の高等中学校の生徒たちの父母によって模倣され、一九一〇年には種々の協会が統合されて父母協会連合が創立された。フランスの立法はこれらの協会やその連合に少しも特権や権限を与えていないが、しかし前年の具体的な実践が親たちの影響力の増大を示している。公教育大臣は連合を公に認め、家族の利益を代表する諮問委員会の委員がこれらの協会から募集されるべきであるという布告を一九二〇年に出した。連合は学校行政のなかで法的地位を獲得するために努力しているが、しかしその歩調はそれほどフランス政府に受け入れられていない。

学校行政の欠くことのできない部分として、最初の親たちの委員会が一九〇五年にロシアで組織された。一九〇五年の秋の有名なゼネストの期間、すべての中等学校の生徒たちがストライキに連帯し、学校はロシア中で閉鎖された。親たちは、子どもたちの革命精神に不安を感じ、ストライキを終結させるために、また教師たちと生徒たちの心を通い合わせるために、父母委員会を結成した。公教育大臣のI・トルストイ伯爵一世は、一九〇五年一一月二六日の回状によって、そうした委員会を合法化した。どの中等学校でも、すべての親たちの全体的な会合が、父母委員会と呼ばれる実行委員会を選出した。この委員会の議長やその代理は、職権上で全投票権を持つ学校教育者協議会の一員であった。学校長は、父母委員会の役職に含まれていたが、しかし投票ができなかった。委員たちの力は、法的に大変制限されていたが、一九〇五年のロシア革命の特殊な状況のなかで大変重要な役割を演じ、教師たちと生徒たちを和解させた。ただ、そうした委員たちも一九一九年にソビエト政府によって廃され、ソビエト政府は委員たちを労働者の代表によって置き換えたのであった。

ドイツでは、父母委員会は革命の後になってやっと設立された。しかし、現在(一九二八年)でさえ、ドイツのすべての州は要求された立法を可決していない。オルデンブルク州、ヴィルテンベルク州、ブルンスヴィク州は、父母委員会を全く持っていない。他の州には、寛大な立法か義務の法律がある。例として挙げられるプロイセン州では、最初の法律は一九一八年一〇月一日に可決されたが、しかし制度的な組織は後の一九一九年一一月五日の法令により設立され、一九二二年に規約が修正された。チューリンゲン州とハンブルク州では、例外として、父母委員会が行政的な機能を持っている。一九一九年一一月五日のプロイセン州の法律は、父母委員会がどの学校においても創設されるべきであると述べている。委員会は、学校と家族の関係の進展や強化に奉仕しなければならないし、また親たちと教師たちのあいだの相互の仕事と影響の機会を与えなければならない（第一節）。「父母委員会は、親たちの代表によってのみ形成される。一般的に、教師たちは委員会の審議に参加するが、しかしただ助言者の資格としてである。委員は二年間、比例代表制で親たちによって選挙される」（第五節）。「父母委員会の活動は、助言的性格のものである。それは、学校の日課や規律についての親たちの要求や助言を含み、個々の重要なことよりも一層重要である子どもたちの身体的、精神的、道徳的な教育に関する要請や提案を含む」のである。

このことから、我々は親たちが教育問題を論じたり、後で教育者協議会に彼らの決議案を助言として提出することを理解するが、しかし教師たちは彼らの助言に追従したり、彼らの勧告を受け入れなければならない義務はない。父母委員会が教師を超えた権威とみなされる場合は全くない。これらの委員会の目的は、あらゆる方法で学校を援助したり、家庭生活と子どもたちのことを教師たちに伝え、戻ってくる情報を受け入れ、時には教師たちから教えを受けることである。父母委員会に行政的なある役割を委ね、教師を超える一定の権限を与えたハンブルク州やチューリンゲン州の実施は、確かに抗争や組織の崩壊を導いたので、反対されるべきであった。そのような小さな地方行政の単位は、第四章の後半部で論じられるアメリカの地区制度の欠点のあらゆるものを持っているのである。

この危険を認めて、オーストラリアの法律は、親たちの方のあらゆる干渉を禁止している。父母委員会は、ビクトリア州で一九一〇年に、クイーンズランド州では一九一四年に、南オーストラリア州は一九一五年に、政府によって任命された学校委員会という名のもとに導入された。同じような組織が一九二二年に西オーストラリア州で、一九二四年にはニュー・サウス・ウェールズ州で、父母市民協会という名で設立された。例として、一九二二年の西オーストラリア州の公教育法改正令の第二節を取り上げてみよう。すなわち、「どの地域でも、政府のどの学校でも通学する子どもたちの親や保護者たちは、他の人たちとともに政府の学校の福利厚生に関心を持ち、父母市民協会を結成できる」。「そうした協会の目的は、教師陣と協同して地方政府のあらゆる利益と成果を発展させなければならないし、教師陣と地域社会の関係のすべてにおいて教師陣を援助しなければならない」(第三節)。「協会は、次年度の地方の教育委員として、教育大臣によって任命される五名の委員を推薦する。政府の学校の教師たちは、職権上では地方の協会(委員会でなく)の構成員でなければならない」(第五節)。「教育委員会の任務は、学校から要求される資料について部局に助言しなければならないし、劣化したものを修繕し、また建物を改築しなければならない。そして、新しい校舎の敷地や計画を考えたり、助言しなければならないし、定められた規則に従って緊急の修繕を施し、学校の建物の一時的な使用のために役立つ適用を助言しなければならない。さらに、子どもたちを登校させるように親たちを促すあらゆる努力を利用しなければならないし、教師たちの宿泊施設を整備し、次々に命じられるであろうそのような他の任務に備えなければならない」(第六節)。「協会や教育委員会は、教師陣を超えたいかなる権力も行使してはならないし、あるいはどのような政府の学校統制や管理方法にも、少しも干渉してはならない」(第七節)。

オーストラリアの法律は、幾つかの地域の学校のために、ある場合にはより望ましく結びついた教育委員の選出を認めるドイツと異なっている。ドイツの何人かの論者たちでさえ、地方や州の父母委員会や国家父母委員会を設立することを要求しているが、しかしそれは家族の理念を家族本来の枠外に持ち出し、教育上の事項で他の当局と競う機関を作ることになるであろう。親たちの委員会は、個々の学校や幾つかの学校が統合された小さな地域社会の地域的な利益だけに貢献しなければならないのである。地方や州や国家の利益は、一般的に選出された代表とその行政機関に任せたならば、よりよいものになるであろう。もちろん、誰も父母連盟や他の国家的で広範な協会の設立によって個々の委員会を妨げることはできないが、しかしこれらの有志の組織は教育の国家制度のなかで法的な位置を占めるべきではないのである。

第四章　中央集権と地方分権

教育行政は、普通は国の一般行政と密接に結びついている。もし、国が他のすべての点で中央集権化されていると、その国はまた中央集権化された教育政策を持つが、逆に中央集権化されていなければ中央集権化されていない教育政策を持つのである。行政的な問題を扱うには、純粋な地方政府から地方や州の自治権を区別しなければならない。アメリカ合衆国やドイツ、ソビエト連邦やスイスのような連邦国家では、連邦政府がある統一法を課すかもしれないが、それぞれの州や県は教育事項においては主権のある州と考えてもよいであろう。反対に、地方や町、都市や地区のように純粋な地方単位は、普通は大変限られた独立しか持たず、中央政府の監督を受ける。しかしながら、教育当局のこのような二つの型のあいだには明確な境界線はない。例えば、新しいオーストリアの「諸州」は、地域的特色を同時に維持しているアメリカの州の独立に近づきつつある。この段の終わりに、カナダの州を述べよう。カナダの州は、教育に関することには絶対の主権を持つが、アメリカの州のように連邦教育局を持たない。他に、拡大された地方単位だけで、非常に制限された立法権しか持たないプロセインの地方がある。

行政形態として連邦制と中央集権制のどちらがより民主的であるかという問いは、無益である。なぜなら、両方の形態は、民主的な政府を持つ連合のなかにも見られるし、同様に反対の形態を持つ政府の歴史のなかにも見られるからである。ある国々にとってはある政治の形態が、また他の国々には他の政治形態が、より適していることが明らかであるように思われる。ある国が(アメリカ合衆国やブラジルやロシアのように)様々な気候と地理的条件を持つ広大な領土を抱えていたり、あるいは(カナダ、南アフリカ、スイスのように)[19]二、三の異なった言語を話す住民を抱え、あるいは(ドイツのように)異なった歴史や宗教の伝統を持っているならば、連邦はその要求によりよく応えるであろう。しかし、単一の住民が居住するまとまった領土を持ち、また(フランスやイギリスのように)共通の伝統を持つ国の場合、一つの中央政府が国家統一をよりよく表現し、連邦は必要ないであろう。しかし、連邦国家でさえ立法はある共通の基礎を持たなければならない。一般に、連邦政府が統一的な法律を何も制定しないならば、オーストラリアの場合のように共通の祖先と同じ歴史的伝統が統一的な法律の代わりとなる。しかし、全体的な連邦の立法が無いということが、人種と伝統の多様性を伴うと、ある有害な結果が必然的に生じるであろう。例として、カナダの州を取り上げてみよう。カナダでは、言語や伝統や宗教の違いが結果として完全に二つの分離した教育制度を生じさせた。すなわち、一つは英語を話すプロテスタントのための教育制度であり、他はフランス語を話すローマ・カトリックのための教育制度である。

アメリカの北部の諸州でさえ、共通の祖先と伝統にもかかわらず、教育に関する州法の多様性がとても広い範囲で展開され、アメリカの多くの教育家たちは連邦の立法の必要性を説いている。第一章で、アメリカには非常に変化に富んだ就学義務法が存在していることを見てきたが、当然地域の行政組織に関しても同じことが言える。アメリカ合衆国では、ある州では義務無償教育が六歳から一八歳まであり、隣の州では就学義務は僅か七歳から一三歳だけが求められるように、民主主義国家の第一条件、すなわち機会の均等は存在しない。幾つかの州では、行政法規は僻地の学校の整備を促進し、すべての農民たちが中等教育を受けられるようにしている。他の州では、行政の地区制度がそうした政策を実際的に不可能にしている。教師たちの異なる等級と教師養成の異なる制度や給与の異なる基準は、教師たちの州相互の移動を困難にし、諸州のあいだの異なった教育水準を惹起している。国家的統一が目的とされるならば、州の立法の何らかの整合が望ましいということは明らかである。

この点に関して、ドイツ共和国の実態はより望ましい。共和国憲法には教育についての特別な部分(一四五節〜一五二節)があり、州の立法について幾つかの統一を求めている。しかしながら、連邦の公教育の大臣はおらず、非常に制限された権限しか持たない「国家委員会」がある。連邦法は、就学義務はドイツのすべての州で六歳から一八歳で構成されるべきであり、宗教教育と私立学校に関する立法はドイツ中で統一的な一定の条件に一致させ、民主的な段階的制度がどこでも導入されるべきであることを要求している。児童福祉についての特別な連邦の立法は、ドイツ共和国を構成する全地域で義務となっている。しかし、これらの連邦法の制限内で各々の州がそれぞれ独自の立法を展開することが自由であり、また州の公教育大臣を持ち、実際に行政が独立している。

ソビエト連邦共和国では、連邦の大変複雑な制度が展開され、連邦は教育事項において全く独立した六つの主権のある共和国から構成されている。それらの共和国の幾つかは、ロシア・ソビエト連邦社会主義共和国（R・S・F・S・R）として多くの自治共和国や管区の連合であり、あるものはトランスコーカシア連邦共和国[20]のように二、三の共和国の連合であり、またあるものは白ロシア共和国のように単一政府の共和国である。教育に関する連邦の立法はないが、しかしすべての共和国の教育制度は同じ方針で展開されている。なぜなら、すべての政府の構成員たちは同じ共産党に属し、党中央からの同じ指導に従っているからである。

中央集権化でも連邦制でもない特別な制度が、連合王国に発達した[21]。イングランドとスコットランドは、独立した立法と行政を伴った二つの独立した教育制度を持っている。しかし、スコットランドの教育部局は文部省から独立しているけれども、同じ中央政府の部局であり、後に述べるように同じ議会に従っている。北アイルランドは、独自の議会と立法を持つドイツの州と比べられるが、イギリス議会に属している。ウエールズでは、プロイセンの地方自治と比べられる民族自治の第三の型が発展した。このように、各々の国の特有な条件に適応し、合体された三つの異なった地方分権の制度が見られるのである。

教育における地方自治を持たない中央集権的な行政の例として、フランスが挙げられるであろう。フランスの中央集権は、第一共和制の立法によって完成された。しかしながら、コンドルセの有名な教育計画案は実現されず、フランスの教育の新しい組織は結局ナポレオンの立法によって成し遂げられた。ナポレオンは、「共和国暦一〇年花月一〇月一日」（一八〇二年五月一日）と一八〇六年五月一〇日の二つの法令によって、「帝国大学」の制度を設立し、それはその後に変わったフランス政府の立法の基礎として役立ったのである。

現在のフランスの教育組織は、ナポレオンの中央集権の修正である。フランス議会に責任を持つ公教育大臣が、全体の制度の頂点に位置し、彼が構成員の幾人かを任命する諮問委員会より助言を受ける。フランス全土は、多くの部局を構成する地方の行政区として、一七の「大学区」に分けられている。各々の「大学区」は、通常は博士号を当然持っている教授のなかから公教育大臣によって任命された学区総長によって監督される。総長は、開明的専制君主の権力と比べられる権力を享受する。彼は、自分の「大学区」の私立や公立の保育学校から大学まで、彼の行政区のすべての学校を監督する権限を持っている。彼は、大臣によって直接任命される職のすべての候補者を推薦する。彼は、国立の中等学校の副校長、大学の講師、師範学校の特別な教科の教師たちを彼自身で直接任命し、彼の行政区の全教育機関の財政を支配するのである。すべての学長や校長は、毎月レポートを彼に提出し、彼の批評を受け彼の教えに従わなければならない。彼は、彼が任命した者によって占められている諮問委員会の助言を受ける。彼は、同様に私立学校を監督する権限を持ち、また私立学校に道徳的、社会的あるいは共和国の視点から危険なものを発見したら、私立学校を閉鎖する権限も持っている。彼の強大な権力によって、彼は彼の行政区の全教育機関の経済だけでなく、道徳的生活を規制するのである。彼は、公教育大臣の任命者や部下として、ただ大臣の部下であることを代表し、全く地域の有権者を信頼することがない中央政府の代理人なのである。彼の監督のもとに、それぞれの「県」に視学官（大学区の視学官）がいて、視学官が彼の「県」において中等教育を管理し、初等教育を指導する。彼は、財政や中等学校と高等小学校の行政を監督し、また小学校と保育学校を視察して影響を及ぼす。彼は、小学校の教員を任命する「知事」に候補者を推薦する。知事自身は、中央政府の被任命者である。どの大学区の視学官も小学校や保育学校のための多数の副視学官を、通常各々の地区(郡・区)に通常一人の副視学官を持っている。副視学官(小学校の視学官)たちは、小学校の教員の昇格や任命について視学官に助言し、教育学協議会と試験委員会を司り、小学校の新設や古い小学校の閉鎖の必要性を問題にする。この地方の監督官とは別に、中央本部に総視学官がいる。一七人の「中等教育の総視学官」が高等教育機関の教授から選ばれ、彼らの特定の教科、例えば歴史や地理、現代語や科学などに応じて、全フランス領土の中等教育を監督する。一二人の「初等教育の総視学官」は、初等教育に同様の権力を行使する。中央政府がこの組織によって国全体を統制し、監督する。行政や組織や教育方法でさえ完全な統一が達成されている。唯一の例外は、一定の特権を享受し、またフランスのその他の地方と異なるアルザス・ロレーヌ地方[22]である。

このような中央集権の利点は明らかである。中央当局が進歩的で地方の見解も進歩的であるならば、新しい理念や方法がペンのひと書きで国の至る所に導入され得るであろう。問題は、開明的な専制主義の方法が二〇世紀に最善であるかどうか、また地方と中央政府の対等関係によって同じ結果が達成できないのではないかということにある。中央当局は統一的な法律を発令してよいが、しかしその実現は地方で決定された部局に託されたままでよい。フランスの中央集権制度は、地方の選挙民に教育事項において何の発言権も与えていない。中央政府に影響を与えるための地方の意見の唯一の機会は、総選挙や補欠選挙の期間だけである。しかし、この方法はあまりに間接的なので、地方の業務にとって具体的な重要性を持たない。すべての公務員は、首都から任命され、地方とは何ら関係を持たないでよいことになっている。地方の状態と地方の伝統は、すべての地方をあらゆる点で同じ水準にしようと努めている中央政府によって、常に無視される。アルザス・ロレーヌの例は、もし地方の伝統が相当異なるのであれば、地方の同意なしに中央から地方の伝統を禁じることは危険なことであることを明示している。そのような厳しい中央集権は、官僚を作り出し、最善の人たちが幹部である場合でさえ官僚的な形式主義になりがちである。そうした中央集権は、帝政ロシアの例が示しているように、あらゆる反対を虐待や迫害に導くことになる。地方の有権者は、中央当局に信用されなくてはならないし、教育事項についてはある責任を与えられるべきである。もし、一定の権限が地方で選出された当局に付託されるならば、概して国民主権の理想は少なくとも損なわれないであろう。同じような中央集権が、G・ジェンティールの改革後、全体主義のイタリアに存在している。

この点に関し、アングロ・サクソンの伝統は、地方の要求や違いについて、より一層の意見表明を与えている。例として合衆国を取り上げてみよう。合衆国では、様々な州において地方の統治の形態が多様であり、アングロ・サクソンの伝統の異なった時代を歴史的に表している。アメリカにおける教育の地方行政は、三つの主な形態に区別できる。第一の型は地区制度、第二の型は町制度(あるいは町区)、第三の型は郡区制度と呼ばれる。地区制度は、アメリカで最も古く、また最も一般的である。それはニュー・イングランドで最初の清教徒の移民たちによって設立され、後に州の北部と西部に広まった。この制度は地方分権の極端な例であり、どの学区も一つの行政単位なのである(E・カバリー『州立学校行政』から引用)。学区は変則的な形であり、規模は住民が多い区域では二、三マイル四方から、西部のある州のように人口希薄な部分では一〇〇マイル四方と一様ではない。新しい学区は、多分従来あった地区が細分されて作られ、従来の地区は大きな地区に合併されている。通常どの地区も一つの学校を持っている。地区の学校の管理者は、通常その地区の住民、つまり親たちや納税者たちのあいだから、地区民によって総計三名が選ばれる。もし人々が管理者を選び損ったら、普通は郡の教育長が指名によって空席を満たす。管理者の権限は、通常は州のために地区に代わって学校の運営権を含んでいる。すなわち、教師を採用して報酬を定めること、必需品の供給や設備の契約をすること、生徒を入学させたり停学させたりすること、地方税を徴収すること、教科課程を実施したり、時には定めたりすること、校舎を修理し維持すること、学校を訪問して学校の状態や管理と教授の質を調査することなどの権限である。

ドイツのヘルバルト主義者たちは、教育行政の同様の地方分権を理論的に支持し、それらを哲学的、社会的な考察のもとで基礎づけた。彼らは、子どもたちはまず第一に家族に属しているので、家族が子どもたちに関する第一の権利を持ち、公的な共同体や教会や国家よりも前から優先権を持っていると述べている。それゆえ、家族や幾つかの家族の連盟は、地方の学校の行政権を持つべきなのである。アメリカ人たちは、歴史的伝統と準民主的な原理の上に、彼らの地区制度を基礎づけた。彼らは、人民自身が直接彼らの学校を管理するので、地区制度を最も民主的なものと考えた。歴史的に、この制度は広いアメリカの人口希薄な田舎の地域の要求と条件によく適していた。そこでは、農民は相当の富の配分さえ有し、学校維持は地方税に大部分依存していた。それが結果として過去に地方の人々の考えと要求に適した学校の設立をもたらした。しかし、地区制度は、学校行政の方法として無能・無定見で進歩的でなかったし、いまだにそうした状態にある。多くの激しい敵意が事件を惹起し、人々は余りに些末なことにこだわり、互いに考えるための集会を正当化できなかった。そして、学校の能率や有益さはそうした徒党的な妨害によりひどく損なわれた。この制度は、不公平な富の分配の増大によって、学校や教師や教育方法において大変な不平等をもたらし、望ましくない学校の分布をもたらしている。それはより大きな単位で成功しているので、地方の人々のあいだに中等教育の普及を妨げている。アメリカの専門家たちのこの批判は、民主的性格の観念を論駁しているのである。なぜなら、この制度のもとでは貧しい地区は無援助のままに留まり、機会の平等と正反対のことが行われているからである。ヘルバルト学派の理論的考察は、子どもたちが親ではなく、まず第一に子どもたち自身に属し、また国家は子どもたちの未来の最高の保護者であり、国家が子どもたちの教育の十分な世話をする権利と義務を持っているという主張によって応えるであろう。この制度は、実際に消滅を運命づけられているし、毎年アメリカの多くの州が行政のより大きい単位を採用している。ドイツにおいては、「学校父母会」の同じような制度がまた消えかけているし、戦前のプロイセンでは法律によってさえ禁止されていた。

次の大きな単位は、ニュー・イングランドの諸州のアメリカの「町」あるいは西部の諸州の「郡区」である。地区の規模と同様に、町や郡区の規模は異なる。人口密度の高い地域では、アメリカの町はイギリスの自治都市や都市地区に相当し、田舎の地域においては、通常では町や郡区が一・二の村と多くの僻地の農場を含んでいる。全地域は町学校委員会によって運営され、町内のすべての学校が単一の行財政団体として機能している。町制度は、学区制度と比較すると、多くの利点を持っている。町が自治都市や都市地区である場合、この制度はアメリカの市制度やイギリスの地方自治都市の地方自治と一致している。その場合、一つの町には沢山の小学校と多くの高等学校がある。町学校委員会は、普通の高等学校に加えて、いろいろな職業学校や技術学校を設立するための十分な便益を持っている。町の貧しい地区は町の全地域から徴収された税金に援助され、また町学校委員会は平等化する力を行使している。しかしながら、アメリカの田舎では、町や郡区は、地区制度の欠陥が僅かしか軽減されない比較的小さな単位となっていた。それゆえ、田舎の地区には郡のようなより大きな単位が望ましい。南部の諸州ではすべてが自治単位としての郡制度を採用し、その制度が南から徐々に合衆国の他の地域に広まっている。アメリカの郡制度は、ほとんどイギリスの自治制度と同じなので、例としてイギリスの自治制度を取り上げてみよう。

一九二一年の教育(総合)法令によれば、郡の自治都市と一万人以上の人口のあるすべての自治都市や、二万人以上の人口のある都市地区と(そのような自治都市と都市地区の地域を除く)郡が、初等教育の目的のための地方教育当局である。高等教育の目的のためには、郡と自治都市のみが地方教育当局である。ある教育家たちは、この初等教育と高等教育の当局の違いを批判している。すなわち、それが初等教育と高等教育とのあいだの無調整をもたらし、またある地域は中等学校もなく取り残されるだろうというものである。この批判は、法令の第五節と第六節に対応している。すなわち、それは、郡に賛成する権限と義務を放棄するか否かの権利を非自治都市や都市地区に与えるもので、権限と義務を維持するのであれば、それらの教育制度の協同や統合のために適切と考えるような、他の地方当局との調整に立ち入る権限を与えるというものである。しかし、実際はそうした協同の例はなく、それゆえ地方当局間のこの権限の違いをなくすことと、また自治の一つの型だけを維持することが、より好ましいであろう。これらの権限は、相当の人口(五万人)がある自治都市や都市地区で与えられるべきである。十分な数の小学校を設立して維持することは、各々の地方教育当局の責務なのである。

高等教育を用意することは、アメリカ合衆国と同様、イギリスでは義務ではないが、しかし第一一節は次のように述べている。「公教育の国家制度の設立についての見解は、それによって利益が得られるすべての人々のために利用できる。関係する地域に教育の進歩的発展と包括的な組織を用意することによって貢献することは、すべての郡や自治都市の参事会の責務でなければならない」。地方当局はそうした目的によって文部省に従い、文部省によって認められた計画が当局を拘束することになる。もし、地方当局がその義務を遂行することができないのであれば、文部省は公的要求を保持しながら当局にその義務を遂行させる目的のために必要か適切と考える命令を出してもよいし、そのような命令は布達によって強制されてもよい(一五〇節)。イギリスの立法は、中央の監督と調整によって、地方統制の最善の協調を与えている。郡は、「教育の進歩的発展と包括的な組織」を認めるのにちょうど十分な広さであり、官僚行政を行うのに広すぎることはない。これらのことは、地方教育当局が特別に決めるべきか、郡や自治都市の参事会との一致を図らなければならないかどうかという副次的な問題を残している。イギリスは、そのために、一九〇二年に廃止された学務委員会のような団体を選出したのである。

小さな田舎の委員会の場合、地区の制度が権限を維持しているということに対し、あらゆる批判が向けられている。ロンドン学務委員会のような委員会の場合、委員会とロンドン地方議会(L. C. C.)のあいだに僅かな違いがある。スコットランドでは、郡教育当局は常に別々に選出されたし、結果として差し障りは何も起こらなかった。多分、便宜のためには、同じ地域では二つの団体の代わりに一つの団体を選ぶことがより好ましい。同じことが、教育長や校長の選出に関しても言える。直接的に郡の教育長を選ぶアメリカの実際は、もしその地位が政治的変化によったり、党派的組織に占められるならば有害である。しかし、候補者たちが政治的忠誠心や利害に関係なく選ばれるならば、その場合は任命と選挙のあいだにほとんど違いがない。しかしながら、実際には有能な委員会による任命が、より望ましいとされるべきである。一般に、中央当局と地方当局間の関係に関する立法は、権限が享受されるべきものをすべて明確に規定すべきであり、また地方の独立の制限が完全に明確に述べられるべきである。イギリスとアメリカの実際は常にこの方針に従っているが、しかし幾つかの大陸の国々では、地方当局の権限と義務を曖昧に述べている法と、終わりのない議論、ときには行政の混乱という結果など、反対のことが事実である。この点に関して、当局が行うことが許されていないことを述べるよりも、行ってよいことや行うべきことを、その判断の余地を取り去って明確に述べることがより好ましいことと思われる。第一の方向は、そのこと自体が機会均等をもたらすであろうすべての地方当局の協調的な活動という結果になるであろう。第二の方向は、その結果として地域の条件の多様性や、進歩的な当局と後進的な当局とのあいだの大きな違いを持つことになるであろう。

第五章　少数民族

少数民族の問題は、概して教育の問題でもある。この問題は、すべての教育が普遍的なラテン語で行われ、またその内容が国際的であった中世には存在しなかった。ただし、宗教改革以後、母国の言語が盛んに使われるのに伴って、国民教育の問題が生じた。この展開は、ローマ帝国の構成地域が分裂して民族国家への発展に伴うものであった。フランス、イギリス、スペインが、最初に民族的統一と独立を達成した。中部ヨーロッパと東部ヨーロッパは、まだこの目的を達成できず、混乱した国境と民族混在の悲しい様相を呈していた。民族的な見地からは同一であるが、中央ヨーロッパと東ヨーロッパの単一国家は存在しなかった。第一次大戦後でさえ、ドイツはルサチア人(23)やポーランド人のスラブ少数民族を抱えている。さらに、チェコスロバキア、ポーランド、ルーマニア、ロシアのような国々は、全人口の約三分の一が異民族に属している。これらの国々は、厳密な意味での少数民族と呼ばれる共通の問題を有している。二・三の異なる民族が同じ立場で存在する国々においては、国民教育は全く異なった側面を持つようになる。スイス、ベルギー、カナダ、南アフリカがそうであり、これらの国々では少数民族を保護するという問題は存在しない。なぜなら、国家自体が二カ国語併用であるし、民族も厳密な意味で少数民族ではないからである。一例として、スイスの場合、完全な平等のもとに共通の市民権を享受している三つの異なった民族さえ存在する。

この問題の第三の例は、民族の多様性が人種の違いに地位を引き渡し、国家の構成員たちのあいだの隔たりが皮膚の色の区別によって強調されるときに生じる。そうした最も著しい形態のなかに、合衆国と南アフリカの問題がある。同じような難しさが、先住の人々の真只中にいる全ヨーロッパの移民にも見出される。同じ種類の問題ではあるけれども、全く別に同化しつつある移民の問題がある。異国移民が無数にいる合衆国やカナダでは、彼らの「アメリカ化」が最も重要な問題の一つである。しかし、最も起源を同じくする西部の三つの州は、固有の小さな問題を抱えている。フランスは、アルザス問題、スペインはカタルニア(カタロニア)運動(24)、イギリスは残されたウエールズの国籍の問題を抱えている。それゆえ、少数民族の問題は、その様々な面のすべてにおいて、その解決を可能とするために、幾つかの一般原理を持たなくてはならない世界共通の問題なのである。

民主的な国家の民族政策は、その国民すべてのために機会均等の原理に基づかなければならない。国が至る所で混成であり、二カ国語併用であるならば、学校はすべての学年で二つの民族のために、二カ国語を使用しなければならない。両方の言葉を知ることによってのみ、二つの民族が公共生活において等しい機会を持つことになるであろう。反対に、少数民族の言葉が国民の経済流通において使われなければ、国語が少数者に教えられなければならないことは明白なことであるが、しかし逆であってはならない。また、少数者(あるいは多数者)の経済的、文化的な発展の程度は、学校制度の設立において考慮されなければならない。すべての民族や種族は、独自の言語で大学を設立することが十分に正当化されるほど進歩していない。ある言語はある地方だけの言語であり、非常に限られた重要性しかなく、そうした言語を基盤にすべての教育制度を設立することは、生徒たちの発達を害したり、また彼らをある文化の国に属する仲間の国民との経済的競争において資格を奪うことを意味するであろう。こうしてみると、同じ民主的な原理は、少数者に関する教育政策の違いを要求することが分かる。

民族の自治についての現在の理念は、一八四八年の革命[25]に起源を持っている。一〇の民族が一緒に住むことを強いられたオーストリア・ハンガリー帝国では、国民教育の問題が他のどこよりも激烈であった。チェコ人、スロバキア人、ウクライナ人などのスラブ民族の復興は、ゲルマン化とマジャール化の政策が不成功であったし、問題を少しも解決できなかったことを十分に示している。それゆえ、オーストリア国民の代表は、一八四八年クレムジール[26]に集まり、民族的な基盤の上に古い君主国を改造することに同意した。しかし、この試みは続発する反抗と民族間の争いによって失敗した。だが、一八四八年のパラッキー[27]や他の人たちによって入念に作り上げられた理念が、オーストリアの諸民族によって保持され、展開された。一八四八年に提案されたオーストリア問題は、二つの異なった解決があった。スラブ民族は帝国を言語上の境界によって自治州に分けることを望み、ゲルマン民族は王国の歴史的な境界によって分けることを望んだ。前者は人種的、言語的な境界の構成単位に基づき、後者は歴史的伝統に結びついた地理的、経済的な基盤に基づいていた。オーストリアの政治のその後の発展のなかで立場が逆転し、チェコはボヘミアとモラビアの歴史的な境界を守ったし、ゲルマンはその主張を言語上の境界に基礎づけた。公平に見る人には、最終的な解決は、ただ両方の原理の組み合わせのなかに見出されることが明らかである。すなわち、国際的な境界は、言語的、経済的な基盤の最も可能な組み合わせによって設定されるべきなのである。しかし、たとえ具体的な解決があったとしても、常にそこには新しい国家のなかに少数民族が残るであろう。

この避けられない少数者の問題を解決するために、民族固有の自治という理論が展開された。それは、オーストリアの社会民主主義者カール・レンナー(28)（ペンネームはルドルフ・スプリンガー）やオットー・バウアー(29)によって入念に仕上げられた。彼らは、今日の絶え間ない産業上の移住に結びついた中世の植民地化の遺物は、民族の地域的な配分を全く不可能にし、経済的観点からさえ望ましくないことを論じた。それゆえ、どの民族も主権国家の国境内で、その構成員の土地の分配と全く関係なく、自治共同体を作り上げるべきなのである。事実、統一されたすべての村や町の共同体は対応する民族のなかに含まれ、反対に混成された共同体は「二つの代表」という特別な地位を得ている。「文化的要求」（教育・宗教・芸術などの）と言われる例外を持つすべての地方の事柄は、全住民によって選ばれた地方当局に託されている。あらゆる民族集団の文化的要求は、各々の民族の構成員によって選ばれ、全民族の中央当局の支配に属する特別民族地方当局によって管理されるのである。各々の民族の中央機関は、同じ民族に統一されたすべての共同体の代表によって形成され、混成の共同体では多数民族や少数民族の代表（比例的人数）によって形成される。いかなる社会的単位も形成せず、他の民族のなかで散在している民族の個々の構成員は、中央機関の保護を享受し、もし彼らが欲するならば国事に加わることができる。各々の民族のすべての構成員は、文化的要求のために、それぞれの民族の中央機関が処理する特別税を納めるのである。

民族固有の自治の理論を持つ人々は、この方法で可能な限りオーストリア・ハンガリー帝国の地域的、民族的な紛糾を避けることを考え、すべての民族に自由で平等な機会を与えることを考えた。この理論の反対者は、「民族」の概念はある特定の土地と不可欠に結びついているので、それゆえ民族的自治と地域的自治との結合が完全に可能であり、「二つの代表」という大変複雑な制度を設立するのは全く不必要であるということを指摘している。個々に散在している民族のすべての構成員を守るために、全民族の中央機関での面倒な体系を持たない特別法が制定されるであろう。同じ民族のすべての地方当局は、全般的な立法による十分な手段があれば、簡単に中等学校や大学さえ建てることに共同できるであろう。これらの議論は、ユダヤ人を除いた少数民族のすべての要求に合致するであろう。ユダヤ人問題は、民族的自治の解決における障害である。ユダヤ人たちは全く領土を持たず、異民族に取り囲まれた小さな町だけに多数を形成している。彼らは、これまであらゆる国々で「少数者」に留まることを永遠に運命づけられてきている。ある論者たちは、彼らが宗教によって一つに結ばれ、共通語や民族文化を持たないので、彼らが自分たちを「民族」と呼ぶ権利さえを否定している。ユダヤ人たちの例は、一般的な理論を構成できない例外である。

民族固有の自治の理論は、ロシアの少数民族全般と、特にユダヤ人によって豊かな土壌が醸成された。ロシアは、まとまった土地を持たず、ロシア海の真中に小島のように散在している多くの民族を有している。それゆえ、なぜオーストリア・ハンガリー帝国やロシアが、民族自治の理念が成功した最適の国々であったかを理解することは容易である。一九一七年のロシア革命は、すべての民族の平等と民族自決の権利を宣言した。実際の政治における個々の民族自治という理念の導入の第一歩は、ウクライナ政府によって、その独立の短期間のあいだに達成された。一九一八年一月九日の法律によって、ロシア人、ユダヤ人、ポーランド人などの少数者は、教育や文化事項での自治権を受け取った。また、少数者の一万人相当の国民が議会に請願すれば、他のすべての少数者もそうした自治権を受けることができた。文部大臣は、それぞれに対応する民族の代表による局員が配置されたロシア局や、ユダヤ局やポーランド局を設けた。この理論の実際の適用には多くの困難があった。民族固有の自治は、民族の土地台帳と呼ばれるものに基づいている。国民はすべて土地台帳に登記されていて、ウクライナ人、ロシア人、ユダヤ人や他のどの民族も、各自の民族の学校に入る権利を持っているが、しかし自分の民族の学校維持のためだけにしか税金を払っていないので、他のどの国籍の学校でも与えられる機会を享受する権利がなかった。ある民族の土地台帳に登記する義務は、多くの人々に誤った登記をさせた。例えば、ウクライナ人は息子にロシア語を十分に学ばせたいであろうし、ロシアの中等学校に通わせたいであろう。しかし、法律によれば、彼が自分をロシア人として登録し、ロシアの学校を維持するための税金を払わなかったならば、息子がロシア語を学んだり、ロシアの中等学校に行くことは禁じられていたのである。

バルト三国のラトビア、エストニア、リトアニアの共和国が、民族固有の自治を実際に取り入れている他の限られた三国である。大変自由で進歩的な立法であるにもかかわらず、民族土地台帳の原則を厳格に適用したことが結果として多くの例外を生じさせた。白ロシアとユダヤの二つの国籍をもつ多くの人々は、その子どもたちをロシアの学校に入れたがったけれども、彼らがロシアの学校に入学することは禁じられた。ドイツの学校は、最善のものは非常に稀であるが、有力な多数者に属する多くの民族でさえ、その子どもたちをドイツの中等学校に入れたがっているという事実にもかかわらず、ドイツ人だけを除きすべての者に閉ざされた。こうした実際的な困難に加え、民族土地台帳の人口配分は人種分離と民族隔離の傾向にあった。様々な「自治的な」民族間での考えや方法の交流は少なく、また教師たちと生徒たちとの交流もないのである。これらの民族土地台帳は、異国の血と異国の考えを流入させることを少しでも排除するという特別な目的を設ける、水も漏らさぬ区分に似ている。

民族の自由の宣言は少数民族に具体的な平等を与えるために、公立や私立のどのような学校にも入学する自由と結びつけられなくてはならない。民族固有の自治の実施は、少数者の同化の強制を避けると同時に、地域的な民族主義を強調するという失敗に陥っている。ロシアのその後の歴史は、民族の自治の異なった解決を示している。同じ領土を管轄する四つか五つの国の中央の国家当局を設ける代わりに、ソビエト憲法は多かれ少なかれ民族上・言語上の集団に合致する、多くの自治権のあるまとまった領土の連邦を設けた。しかし、それぞれの領土内では、学校が種々の民族的性格にもかかわらず、一つの当局によって管理されている。どの民族も、その子どもたちを学校に入れたいという親たちと同数のクラスと学校を受け入れている。どの民族の学校を選ぶかは誰でも自由であるが、しかしロシア語はすべての学校で義務として教えられている。しかしながら、ソビエト・ロシアでは、共産党員だけが一般にあらゆる自由と権利を有する唯一の国民のように、この民族的自治を享受していると指摘しなければならない。しかし、このロシア政府の党派的な性格は別として、問題解決にはオーストリアの学説よりもソビエト憲法に採用されたものがより近くにある。少数民族が原住民を構成しているならば、地方自治に基づく地域的自治は、少数民族のために最善の機会を与えるのである。

ベルサイユ条約やサン・ジェルマン条約[30]とトリアノン条約[31]は、地域的な原理による少数者の擁護の条項に基づいていたが、民族固有の自治を要求しなかった。少数者に関する条項は、すべての条約（オーストリア、ハンガリー、ブルガリア、ポーランド、チェコスロバキア、ルーマニア、ユーゴスラビアやギリシャとの）においてほとんど同一である。最初に（一九一九年七月二八日、ベルサイユで）締結されたポーランドとの条約の第九条は、次のように述べている。「ポーランドは、ポーランド語を話す他の者よりポーランド国籍の者が相当の割合で住んでいる街や地区に、公教育制度を用意するであろう。十分な能力を保証するために、小学校での教授はそのようなポーランド国籍の子どもたちに彼ら自身の言語によって与えられなければならない。この規定は、ポーランド政府が該当する学校でポーランド語の授業を義務とすることを妨げないであろう。人種的、宗教的、言語上の少数者に属するポーランド国籍者が相当の割合でいる街や地区では、それらの少数者たちは教育や宗教や福祉の目的のために、国と市や他の予算のもとで公正な予算配分の享受と適用が保証されなければならない」。第一〇条は、ユダヤ人の学校のために特別の規定を付け加えている。すなわち、「ポーランドのユダヤ人の共同体によって地域的に任命された教育委員会は、国家の一般的な監督に従い、ユダヤ人の学校の組織と運営のために、第九条に従ってユダヤ人学校に割り当てる公的資金の交付の配分を規定するであろう。学校での言語の使用に関する第九条の規定は、これらの学校に適用されるであろう」。ルーマニアとの（一九一九年一二月九日、サンジェルマンでの）条約は、同じ一般的な条項に加え、ザクセン人とチェコ人についての特別条項を持っている。すなわち、「ルーマニアは、ルーマニア国の統治に従い、一般的にトランシルバニア[32]の地方自治内では、学校教育と宗教的な事項について、ザクセン人とチェコ人の共同体に従うことに同意する」。ウィルソン大統領の民族自決の宣言に基づいていた平和条約は、固別の民族の自治を要求しなかっただけでなく、地域の陳情による少数民族の権利を保証したことが分かる。明らかに、条項が理想的なものでなく、改善され得るものであろうが、原理は正しいのである。

これらの原理が最もよく実際的に適用されたものが、チェコスロバキアに見られる。一九一九年四月三日の法律によって、チェコスロバキア政府はすべての少数者に民族教育の十分な機会を与えた。第一条は、次のように述べている。「少なくとも就学できる四〇人の子どもたちのいる共同体ではどこでも、またたとえ該当する共同体が教授の言語として母国語を話す子どもたちの公立学校を維持できないとしても、三年程度の公立の小学校が設立される。これらの学校の教綬の言語は、それぞれの子どもたちの母国語でなければならない」。「第一条の条項により、どの共同体にも設立されるべき公立小学校は、あるいはすでにこの法律の制定される以前に設立された、また少なくとも当該の共同体の四〇〇人の子どもたちが通学するすべての公立小学校は、男子や女子のあるいは共学の公立中央学校（市民学校）を設立することができる」（第二条）。これらの諸学校の管理は、それらの民族性にかかわらず地方当局に託される。少数者の教育に関する同じような条項は、一九二二年五月一五日のドイツとポーランドの条約のなかに含まれている。ルサチアのヴェンド人[33]とポーランド人は、就学義務年齢にある子どもたちが少なくとも四〇人いれば、公立の小学校を要求できる。彼らは、彼らの民族の三〇〇人ほどの学生が集まれば、一緒になって中央に彼らの言語による高等教育機関の設立さえ要求できる。

これは、問題の最終的な解決への正しい前進である。同じ少数者が住んでいるすべての地方は、地域的な地方自治の力によって努力を結集し、中等学校やより高等の学校の網を設けるであろう。そうした地方の自治共同体は、自治の拡大に応じて同じ民族を包含し、より大きな統合体を形成するためのあらゆる機会が与えられなければならない。連合王国のウェールズ地方は、固有の民族自治を受けずに地方自治の力によって十分な教育上の独立と、一八八九年のウェールズ中間教育法を実際に享受している。すでに指摘したように、このような地域的な自治がソビエト共和国連邦においても導入され、その党派的な性格を別にして、それぞれの少数者たちのあらゆる要求を満足させている。

「散在した」少数者と、特にユダヤ人の問題がまだ残っている。チェコスロバキアの法律の条項によれば、四〇人の親たちの団体はどれも公立小学校の教育権を持っている。また、その結果として、ある少数者の小さな集団や各々の個人だけが母国語での公教育を否定され、その子どもたちを多数者(あるいは他の少数者)の学校へ通学させることと、私的に教育することを強いられている。しかし、民族固有の自治の導入によってさえも、そのような集団や個人は存在するであろうし、同じような必要性が彼らにその子どもたちを多数者の学校に通学させることを強いるであろう。これらの散在した小さな集団は、植民や移民の結果としてのみ経験するのである。いかなる者も、その国民の権利や一国の国境内での自由な活動の権利を否定しないであろうが、しかしここで、多数者の故国の民族的性格を維持するための権利について考えなければならない。少数者を保護するという口実のもとに、新来者の継続的な流入が少数者を多数者に変えるときに状況は生じるのであって、国民の民族的生活のある中心が異国風の都市になってしまうのである。例えば、そうした運命は、周囲の国がリトアニア人やロシア人であるけれども、現在のユダヤ系ポーランド人のいる古いリトアニアの首都ビルナで起きている。そうした運命が四〇パーセントのユダヤ人がいるワルシャワにも迫っていて、すぐにユダヤ人は多数者となるであろう。そのような運命は、全般的に合衆国にも迫っていて、とりわけニュー・ヨークに迫っている。

民族的特性を保護するために、幾つかの方法が導入できるであろう。第一に、多数者は少数者に国語として認められている多数者の言葉を学ばせることができる。第二に、公的業務における少数者の言葉の使用は、少数者が元から居住している地域に限られてよいであろう。これらの二つの方法は、少数者の権利を少しも損なわずに、国民の民族的特性を保護するであろう。これらの規定は、狭いが一定の領土を持つすべての少数者を満足させるであろうが、しかし自らが問題を作る東ヨーロッパのユダヤ人は満足しないであろう。西ヨーロッパのユダヤ人、すなわちイギリス、フランス、ドイツ、イタリアのユダヤ人たちは全く少数民族ではないし、彼らは多数者の言葉を話し、それぞれの国の文化と伝統を受け入れる一つの「集団」である。それゆえ、これらの国々ではユダヤ民族の少数者の問題は無いのである。ただ、ユダヤ人が最近まで抑圧されていた国々になると、すなわちポーランド、ルーマニア、ロシアには問題が生じている。これらの国々やギリシャ（サロニカのユダヤ人）[34]では、異なる特性を維持しているユダヤ人が、まだ別の言葉を話している。しかし、イディッシュ語[35]を好まず、ヘブライ語やその地方の言葉をより好むユダヤ人のなかに、非常に有力な少数者がいるということが付け加えられなくてはならない。それゆえ、ユダヤ人の意見のすべての部分に公平を期すために、そこでは独自の学校と独自の民族固有の自治を持つ三つのユダヤ人の少数者集団が存在すべきである。これには、ユダヤ人の民族固有の自治の支持者は、決して同意しないであろう。しかしながら、少数者を差し置いても、彼らの学校を運営するということは、強い少数者の要求に反して、中等学校でのイディッシュ語の導入を実施することを意味するであろう。それは、一九一八年から一九一九年のウクライナで起こったが、多くのユダヤ人たちはイディッシュ語の狂信者たちの管理下で少しも幸せではなかった。第一次世界大戦以来、東ヨーロッパのユダヤ人の状態は法的に改善され、またロシアにおけるユダヤ人は、少なくともそこで享受すべきあらゆる権利を享受している。現在、ロシアのユダヤ人は、民族固有の自治を要求しないし、早くも同化されている。ユダヤ人の自治のすべての問題は、「ユダヤ人虐殺」や迫害政策との関連からのみ生じると思われる。ユダヤ人が十分な市民的権利を享受しているすべての国々では、ユダヤ人問題は存在しない。国家の教育経費の割り当て配分についてのイディッシュ語民族主義者たちの要求は、ただ初等教育に関してのみ正当化される。イディッシュ語の中等・高等教育の制度をつくることは、ユダヤ人の若者から他の民族の構成員との競争のいかなる機会も奪うことを意味するであろう。そうした利己的な偏狭性は、民主主義国家の公的な政策としては実行されない。もしイディッシュ語の狂信者たちが素晴らしく良い中等・高等教育機関を維持するための基金を集めることができるならば、私立学校についての法律は彼らにあらゆる機会を与えなければならない。ヘブライ語の支持者たちに関しても、同様の政策が実施されるべきであろう。

　同じ問題の派生的な問題は、移住者の教育の問題である。民族固有の自治の極端なある支持者たちは、移住者のための彼らの母国語による公教育制度を要求するであろう。そのような政策に同意するであろう国家は、ほとんどない。同意しない国々は、外国の思考や外国の感情を教育するよりも、むしろそれらの国境を完全に封鎖することを選ぶであろう。カナダにはマニトバ州[36]の例があった。マニトバ州では、ウクライナ人、ポーランド人、ドイツ人とフランス人が、公立の小学校でそれぞれの母国語を用いる権利を持っていた。しかし、この政策は、それらの移住者たちの「カナダ人化」を促進するために、暫定的な措置として執行されたのである。この法律は一九一六年に廃止され、すべての移住者たちは公立学校では英語を使用しなければならない。フランス系カナダ人は、自治領の、また彼らの民族に関して法律的、道徳的な権利を有する元からの国民として、例外的な位置にある。移住者たちに対する合衆国の政策は、同様の原理に基づいている。移住者たちは英語の学校への就学義務を補うものとして、彼らの母国語による私立学校を設立することが自由である。この勢力的なアメリ化がなくては、現在の多数が英語を話す「合衆国」は存在しなかったであろう。しかし、異なった公用語のある幾つかの国家がある。国を作り、一定の民族の伝統を作り上げた元来の血族は、同化の条件で移住者を受け入れることが正当化される。それゆえ、植民者たちや移住者たちは、国家が自分たちの民族性を保護するために自分たちを援助しなければならないと要求する道徳的な権利を少しも持たないのである。一定の条件で招かれた植民者たちのみが、例えばロシアにおけるドイツ人の植民者たちが、彼らの民族教育に公的経費の配分を要求することができるのである。トランシルバニア(ザクセン)やバナト[37]のドイツ人植民者たちは同じ状態にある。

少数民族の問題は、国家が歴史的に単一の民族の結合から発展し、国語が支配する民族の多数者の言語であるときにのみ生じる。しかし、二カ国併用と呼ばれる国々では状況が異なる。そうした国々では二つの(あるいは三つの)民族がその国家の建設に等しく参加しているし、それゆえ両方の言語は国語として認められ、両方の民族が「支配する」民族である。そのような国々が四つある。すなわち、スイス、ベルギー、カナダ、南アフリカ連邦であり、それらの各国は独自の特色を持っている。スイスでは、連邦となった州は教育事項に関して全く独立し、義務教育に関しては連邦法の例外として尊重している。言語の境界として多かれ少なかれ州の境を合致させているので、実際には少数民族の問題がない。フランス系の州はフランス語の学校を持ち、ドイツ系の州は独自の学校を、ティチノ州[38]はイタリア語の学校持っている。ベルギーの状態は、まったく異なっている。すなわち、フランダースとワロン間の言語境界は大変明確であるけれども、それは歴史的な領域と平行に走っていない。最近まですべての高等研究機関がフランス語であったので、歴史的な伝統はフランダースを不利にしていた。教育が外国語で完全に強制された地方の多数者の状態は、変則的であったのである。しかしながら、現在両方の言語は同じ位置にあり、フランダースの学校は国家の援助を受けている。最善の解決は、地域の境界が言語の境と一致して新しい境界となることであろう。二カ国語が残るであろうブリュッセルだけを除いて、やがてそれらの地域は単一言語となるであろう。カナダでは、フランス人が一つの州[39]に集中し、その州では英語を話す少数者が独自の学校制度を持っている。他の州に移ったフランス系カナダ人は、第二の言語教授として、フランス語による彼ら自身の「別の」学校を設立する一定の権利を持っている。これらのすべての例のなかには、様々な民族が特定の地域に結びついているが、二カ国語併用の学校という現実の要求はない。南アフリカの例は、そうした学校が必要な唯一の例外である。ナタール州は圧倒的にイギリス人であり、オレンジ自由州はオランダ人であるけれども、残る二つの州である喜望峰州とトランスバール州はそうした混血民がいるので、一つはイギリス人のために、他はオランダ人のためにという二つに分けた学校制度を設けることは、全く不可能である。それゆえ、学校は二カ国語併用であり、教師たちはすべての教科を二つの言葉で教える。親たちは、彼らの好む言葉を申告するか、あるいは等しく両方を選ぶことができるのである。

さて、同じ問題のもう一つの部分に移ろう。すなわち、ヨーロッパ系の人々の真中に存在し、あるいは共存している有色人種の問題である。教育政策の一般的な原理は、ヨーロッパ元来の少数民族を考慮して説明されたものと同じでなければならない。しかし、実際には未開の部族と文化的な民族のあいだには一定の違いがあるに違いない。中国人、日本人、インド人のような民族は、ヨーロッパ人に少しも劣らない文化水準を獲得しているのに対して、異なった幾つかの有色人たちは言及するに値する歴史も文化も持っていない。イギリス領インド、フランス領インドシナ、イギリス領香港のように、ヨーロッパ人に統治されているけれども文化的なアジア人の住んでいる国々は、疑いなく彼らの自国語による公立学校の制度を要求する権利を持っている。ただ、実際的な配慮は、インドの施政に原住民のための英語の大学と、母国語の大学を併設することを勧めるであろうが、全体の制度は概してインドの文化と伝統に基づくべきである。しかしながら、黒人やアメリカ・インディアンを論じなければならないとすると、直ぐに問題は全く異なった側面を持つことになる。これらの二つの人種は大変有能であるけれども、ヨーロッパの諸民族の文化や伝統と競争に耐える文化と民族的伝統を発展させていない。彼ら自身の才能は別として、これらの人種は滅亡したり、肉体労働者や白人の奴隷になっていた。彼らは、ヨーロッパ人の援助やヨーロッパ文化を吸収することによってのみ、法律だけでなく事実として対等な地位を得ることをこれまで希望することができた。アメリカの黒人は、この進展を上手く乗り切り、事実「ブラック・アングロ・サクソン」となった。アメリカにおいては、黒人民族はないし、黒人は多くの民族と混血し、完全に彼らの祖先のアフリカの境遇を忘れている。すなわち、彼らは、実際に精神的に全くアメリカ人なのである。それゆえ、問題は少数民族の問題ではなく、白人と黒人の境界線の問題なのである。アメリカ合衆国では、この境界線が純粋白人と有色人とのあいだに引かれていって、混血はすべて有色人に含まれる。

反対に、ラテン・アメリカでは、境界線は純粋黒人や純粋インディアン（素晴らしいインディオ）(40)の側に移っている。混血は、すべて白人と同様に同じ社会層に属している。ラテン・アメリカの数百万人のアメリカ・インディアンは、スペイン語を話すローマ・カトリックになることによって、同じ進歩を経てきた。自分たちの固有の言語を依然として話し、ヨーロッパ文明から離れて住んでいる原住民の血統の残る人々は、発展したヨーロッパ文化と並んで彼ら自身の文明を作り上げることはできないし、憧れることさえできない。それゆえ、このような部族についての民主的な政策は、彼らのために彼らの母国語に基づく初等学校制度を設立するべきであり、場合によっては少しずつ彼らに英語かスペイン語を教えるべきである。より進歩した有能な生徒たちは、一般的基礎に基づく中等学校を卒業させるべきであるが、しかし彼らの大多数者のために、彼らを社会的に浮上させる手段として農業や実業や家政科などの学校が設立されるべきである。この政策は、合衆国で成功して追求された。ラテンの諸共和国は、まだこの問題を正しく捉えていないのである。

未開の部族を文化的な人々に進化させることに成功した顕著な例は、ニュージーランドのマオリ族によって示されている。この進歩は、マオリ族の民族性を維持する一方で、それらをヨーロッパ文化と結合させたニュージーランド政府の民主的な政策によってのみ可能となった。現在、すべてのマオリ族の人々は二カ国を話し、マオリ語と英語の両方が書けて読めるのである。多くのマオリの人々が中等学校と上級の学校の両方卒業しているけれども、しかしマオリ語の中等学校や上級の学校は無い。マオリ族のなかに全教育制度を設立することは、マオリ族の人々の可能性を制限することを意味し、最終的にマオリ族の劣等性を意味することになるかもしれない。ニュージーランドの試みは、未開の部族を考慮した最善の可能な政策であり、至るところで継承されるべきである。

南アフリカの黒人とイギリスの直轄植民地の黒人は、アメリカの黒人と異なるように、彼らの生まれた土地に住み、彼ら固有の言葉と民族的伝統を持っている。それゆえ、これらのアフリカ人は、ヨーロッパの言語のうちの一つと同様に、彼らの母国語が教えられなければならない。ヨーロッパの行政官たちは、彼らとヨーロッパ文化を融合することに努力しているが、一方で彼ら自身の民族的性格を人々に与えるであろう民族的な特性と伝統を発展させることを試みなければならない。教育の普及によって、彼らは徐々に彼ら自身のために受けたい教育の性格を決定する機会が与えられなければならない。この点に関するイギリスの直轄植民地の政策は、アフリカにおけるフランスの政策よりもより望ましいものである。フランス政府は、皮膚の色を理由に少しも区別をしていないし、フランス語とフランスの伝統を基礎として、フランスの子どもたちと同じ方法で黒い「フランス人たち」を教育している。奴隷売買の結果としてアメリカで必要となったことは、まだ部族の伝統が持続しているフランス領アフリカでは必要ない。しかしながら、白人の水準に達した原住民は、彼らの皮膚の色を理由に資格を奪われるべきでない。マオリ族に対する皮膚の色による区別や人種間の悪い感情のないニュージーランドの例はこの方向にあり、民主的な原理と両立する唯一の可能な解決を証明している。イギリス領やオランダ領の南アフリカ人たちは、やがてそれが彼ら黒人にとってより良いことであると認めるであろう。将来、人種間に起こり得る争いを避ける唯一の確実な方法は、すべての原住民に機会の平等を与えることなのである。

第六章　教育の階梯

教育史上、二つの主な教育制度の型が見られる。階級区分が非常にはっきりした、また政治が非民主的であった国々では、教育は常に階級の境界線に沿って組織されていた。民主的な国々や開明的な専制君主たちによって統治された国々では、教育の階梯と呼ばれる学校の国家的制度が設立された。教育の階級的な制度の例として、ニコライ一世によって一八二九年に設立されたロシアの国家制度を取り上げてみよう。彼の立法によれば、中等教育は農奴や庶民たちの低い階層には禁断の果実であった。国立のギムナジウムは、唯一の利用できる中等学校であったが、紳士階級や聖職者と商人の主要な組合から成る特権階級のためのものとなっていた。この立法の結果として、大学と工科大学は特権的な集団のためにのみ利用されていた。労働者、小作農、農奴を含むその他の人々のために、小学校が教育の唯一の手段として設立された。さらに、存在した小学校は学齢児の総計に対し非常に僅かな割合の子どもたちを収容できたにすぎず、それゆえ農民や労働者の多数は全く無学のままに留まったのである。この制度のそのように強調された形態は、滅多に遭遇することのないものである。通常、政府は禁止的な立法を成立させないが、中等教育の授業料と教育期間に生徒たちを養う費用は、それを享受する貧しい集団から免除されてよいのである。実際は、一般原則ではないが、二〇世紀に至るまでほとんどすべてのヨーロッパの国々には階級制度が存在した。一九世紀末のイギリスの教育制度を問題にしてみるならば、二つの主な階級のために、二つの異なる学校群を持った階級的な制度であったことが分かる。数多くのパブリック・スクールや二つの古くからの大学など、中等教育や高等教育は概して裕福な人々にのみ利用され、貧しい階級は小学校と高等小学校で満足しなければならなかった。一九一八年の教育法の成立以後の現在でさえ、二つの並列的な制度としての初等教育と中等教育が残っている。それらは、多かれ少なかれ雇う者と雇われる者の二つの主な階級区分に合致している。奨学金がこの区別を緩和してはいるが、溝を埋めることができないし、二つの階級の違いを廃絶することもできないのである。

教育の階梯の民主的制度は、多くの哲学者や改革者によって主張されてきた。プラトンは、その著『共和国』のなかで、子どもたちは生まれによるのではなく、能力によって教育されるべきであるという見解を表明している。トーマス・モア卿はその著『ユートピア』のなかで、ジョン・ノックスはその著『鍛錬の本』において、同じ見解を展開している。これらの思想家たちは、教育について最も近代的で民主的な理念を詳細に論じたが、しかし「階梯的制度」を科学的に基礎づけたという賞賛はヨハン・コメニウスに与えられるに違いない。彼は、教育の全体を四つの連続する学校に分けた。それらは、幼児期、児童期、思春期、青年期の四つの期間に対応する断絶のない階梯を形成している。どの期間も六年間続き、現代の幼稚園、初等教育、中等教育、大学教育に対応している。また、彼は、生まれや信条や性別に関係なく、すべての有能な生徒たちのために完全な機会の平等を力説した。フランスの啓蒙主義運動は、その教育思想において、コメニウスやプラトンに影響されていた。ルソーは、「ポーランドの統治についての考察」において、彼らの後継者となった。彼は、貧しい生徒たちのために奨学金の設立を勧告し、彼らが「国家の子ども」として育てられなくてはならないと勧告した。彼の論文に影響されたポーランドの教育改革は、一七七三年にそのような方向で最初の体系的な立法であった一種の階梯的制度を設立した。また、オーストリアの一七七四年の改革も、同じ原理を実際に導入した。しかしながら、これらの改革は、両方とも小学校と中学校の並列的な存在を完全に禁止しなかった。次の大きな計画は、コメニウスの影響のもとに、コンドルセによって考案された。彼の計画は、フランスでは実現されなかったが、それがアレキサンドル一世のロシア政府によって模範とされ、その改革に採り入れられた[41]。オーストリアの実施に引き続き、一七八二年の同じ早い時期に、エカテリーナ二世はロシアに階梯的制度を導入した。しかし、その完全な全体計画は、アレキサンドル一世によって実施された。彼は、一八〇四年にすべての者に対して差別なく開かれた民主的な制度を設立した。後者は、四段階から成り、第一段階は一年課程の教区の学校であり、第二段階では二年課程の地区の学校、第三段階では四年課程の州の学校、第四段階は四年課程の大学であった。四つの階梯はすべて無料であり、貧しい学生・生徒は生活補助金を受けていた。彼の制度は、不幸にも一八二九年ニコライ一世によって完全に取り消された。

ドイツでは、イエナの敗戦が理想主義を甦らせ、有名な哲学者Ｊ・Ｇ・フィヒテとプロイセンの公教育大臣

W・フンボルトの二人[42]が、民主的な階梯的制度を唱導した。その後に起こった反動は、彼らの計画を頓挫させてしまった。このように、一九世紀の初めに最も先見の明のあった行政官たちは、そのようにして教育の進歩の最善の計画として民主的な階梯的制度を受け入れていたことが分かるのである。しかし、一九世紀の前半では、民主的な階梯的制度を設立するすべての試みは失敗したのである。ロシアの制度だけが一八二九年まで存在し、ドイツとフランスの計画は結局実現されなかった。教育制度の民主化の先導は、アメリカによって行われ、ヨーロッパの国々は二〇世紀になってやっと先導者の本来の立場をまた考えるようになったのである。

アメリカでは、最初の公立の高等学校は一八二一年ボストンに設立された。また、高等学校に関する最初の法律は、一八二七年マサチューセッツ州によって制定された。その法律によれば、どの町も公立の高等学校を備えなければならなかった。しかし、マサチューセッツ州以外は、動きが大変緩やかであった。一八五〇年までに、僅か三三の高等学校が一〇の州に設立され、それらのうちの一五校がマサチューセッツ州にあった。それは、ニュー・イングランドの制度であり、ニュー・イングランドから移り住んだ者たちが多かった州、すなわち北部と北西部の州だけに広がった。しかし、その制度は徐々に南部にも同様に広がり、一八六〇年にはアメリカの公立学校の制度は、少なくとも原則的に北部のすべての州で完全に設立されたと言えるであろう。一九世紀の終わりの一〇年間は、アメリカにおけるその制度の全般的な普及を見せたのである。イギリスの自治領や、幾つかのヨーロッパの国々も同様であった。現在、次の国々、すなわちオーストリア、オーストラリア、デンマーク、オランダ、ドイツ、ノルウェー、カナダ、ロシア、ニュージーランド、スイス、チェコスロバキア、スコットランド、スウェーデン、日本、アメリカ合衆国、南アフリカなどが、階梯的制度を設立した。

教育の階梯的制度を唱導する心理学的、教育学的な根拠は別として、否定されるべきではない社会政策の理由がある。教育の階級的な制度のもとには、様々な階級に属する子どもたちの不条理で不公平な待遇が存在していた。この階級的な制度は、異なった集団に別々の教育を与えることで、対立した階級間に存在する溝を深め、階級闘争と憎悪を広げるだけである。階級対立には十分な原因があるが、教育はそれらを和らげなければならないし、激しくさせてはならないのである。共通の基盤でのみ共通の感情や相互理解を発達させることができるのであり、国民的な統一は国民のあらゆる集団のための共通な学校を最善の方法で設立することで達成されるのである。裕福で貴族的な親たちが、彼らの子どもたちを貧しい階級の子どもたちと混在させることを欲しないのであるならば、彼らは彼ら自身の費用で私立学校を設立し、彼らの子どもたちを教育すればよいのである。国家の政策は、国民全体の利益を考慮しなければならないのであって、有力であったとしても特別な少数集団の利益を考えるべきではないのである。国家は、教育に大変多額の国家財を費やすので、当然使う費用のために最善の結果を要求しなければならない。最も費用がかかる継続的な教育は、それによって有益になり、国民として次代への貢献によって費用に報いることのできる生徒たちだけに、国家の費用が与えられるべきである。しかし、一般に中等教育と大学教育は、授業料を払える集団に提供されてきたし、収入の低い階層の集団を余りに排除してきたので、大蔵省の支出を返還することにならなかった。国家は、後に無能な公務員として貴重な金と時間を浪費することになった多数の不適当な少年たちを教育したのであった。そのような国々は、実際に金銭的な立場だけでなく、言語や作法や社会的慣習により区別されている国民を、結果として弁別的な社会集団の二つに分裂させたのであった。多分、ロシアはそうした制度を導くであろう極端な結果を我々に示している。そうした政策によってもたらされた知識人の一般の人々からの隔たりは、相互の誤解や理解の欠如を導いた。他の国々では、階級的な制度が義務教育や他の民主的な制度によって緩和されたので、結果はそれほど極端ではなかった。教育の統一された国家的制度の必要は、すべての集団や党派によって認められ、二〇世紀の前半の二〇年間には多くの国々で民主的な階梯的制度の導入が見られた。後進的な国々は、ただ一時的に躊躇するであろうが、間違いなく後にすぐ続くであろう。そこで、さらに先進的な幾つかの国々の階梯的制度に言及し、改革に要求される新しい計画案を論究してみよう。

アメリカの階梯的制度は、アングロ・サクソンの民主的伝統の代表的なものとして取り上げられる。スコットランド、カナダ、オーストラリア、ニュージーランドは、みな同じ教育制度を発展させた。アメリカの最初の高等学校が一九世紀の前半に設立されたとき、その教育課程は分化されておらず、一般に古典的な偏向を有していた。しかし、次第に授業要綱の分化が行われ、一九世紀の終わりには四年制の高等学校に四つの並行したコースがあった。すなわち、(一)古代古典コース、(二)近代古典コース、(三)科学コース、(四)英語、歴史コースであった。教育の全階梯は、(一)六歳までの幼稚園、(二)六歳から一四歳までの八学年の小学校、(三)一四歳から一八歳までの四学年の高等学校、(四)一八歳から二二歳までの四学年の単科大学、(五)総合大学での大学院研究から成っていた。

この制度には多くの欠点があることが分かり、二〇世紀の初めの一〇年間、アメリカの専門家たちによって多くの論議にさらされた。古い制度の主な欠点は、生徒たちにとっては時間が無駄になる大変長い初等教育であり、生徒たちは終わりの二学年で「足踏みをしている」ということである。他の重大な欠点は、小学校から高等学校(一四歳から一五歳)までの変化が、一一歳から一三歳までに生じる心理的、生理的変化に一致していないということである。徐々に古い制度に取って代わっている新しい制度は、これらの欠点を考慮し、古い学校を再編成したのである。また、他の階梯の目的についても変化が必要とされた。アメリカの単科大学は、二・三の例外があるが、ヨーロッパの基準から判断すると事実上は中等学校であった。初めの二年間は、大学のコースの準備である中等学校の部分を形成していたのであった。この階梯の目標に合わせる傾向が同様にあり、それゆえ新しい制度は二つの点で古い制度から外れているのである。現在、アメリカでは、教育課程の分化がより一層展開され、七つの主要な高等学校の形態がある。考えられ

表6-1　アメリカの階梯的制度　(E. バークリー『アメリカ合衆国における公教育』より)

<table>
<tr><th colspan="4">旧</th><th>年齢</th><th colspan="7">新</th></tr>
<tr><td colspan="4">幼稚園</td><td>6歳前</td><td colspan="7">幼稚園</td></tr>
<tr><td colspan="4" rowspan="8">小学校
8年間</td><td>6-7</td><td colspan="7" rowspan="6">小学校
6年間</td></tr>
<tr><td>7-8</td></tr>
<tr><td>8-9</td></tr>
<tr><td>9-10</td></tr>
<tr><td>10-11</td></tr>
<tr><td>11-12</td></tr>
<tr><td>12-13</td><td colspan="7" rowspan="3">下級高等学校
3年間
(異なる州がある)</td></tr>
<tr><td>13-14</td></tr>
<tr><td colspan="4">高等学校　4年間</td><td>14-15</td></tr>
<tr><td rowspan="3">古代古典</td><td rowspan="3">近代古典</td><td rowspan="3">科学</td><td rowspan="3">国語、歴史</td><td>15-16</td><td colspan="7">上級高等学校　3年間</td></tr>
<tr><td>16-17</td><td rowspan="2">文化</td><td rowspan="2">工業</td><td rowspan="2">農業</td><td rowspan="2">手工芸</td><td rowspan="2">商業</td><td rowspan="2">家庭</td><td rowspan="2">職業</td></tr>
<tr><td>17-18</td></tr>
<tr><td colspan="4" rowspan="4">単科大学　4年間</td><td>18-19</td><td colspan="7" rowspan="2">大学前期課程　2年間</td></tr>
<tr><td>19-20</td></tr>
<tr><td>20-21</td><td colspan="7" rowspan="3">大学後期課程、大学院研究
専門職業学校(総合大学)
(6-3-3年制か6-3-5年制)</td></tr>
<tr><td>21-22</td></tr>
<tr><td colspan="4">総合大学、大学院研究
(8-4年制)</td><td></td></tr>
</table>

た制度は、(一)六歳までの幼稚園、(二)六歳から一二歳までの六学年の小学校、(三)一二歳から一五歳までの三学年の下級高等学校、(四)一五歳から一八歳までの三学年(あるいは単科大学の前期二年間を含む五学年)の上級高等学校、(五)二学年の短期大学(カリフォルニア州における)と、(六)上級単科大学——大学院研究と専門商業学校(総合大学)から構成されている。教育課程の分化は、下級高等学校から始まるが、まったく明確ではない。上級高等学校では七つの異なったコースが発展してきた。すなわち、(一)文化コース、(二)技術コース、(三)農業コース、(四)手工芸コース、(五)商業コース、(六)家政コース、(七)職業コースであった(表6-1)。

カナダの制度は、ケベック州の制度[43]を除けば、アメリカの制度と同じである。ニュージーランドと南アフリカの制度は、アメリカの古い制度と大変よく似ている。オーストラリアの制度、六年・三年・三年案は、アメリカの新制度の修正の代表的なものであると言ってよいであろう。スコットランドの制度は、初等教育と後期初等教育のすべての基準を含む小学校、中学校、中等学校という歴史的区分を持っているので、アメリカの新しい案から隔たっている。スコットランドの区分はその他の点で、小学校(七年制)、中等部(三年制)や後期中等部(三年制)と高等部が、六年・三年・三年案に非常によく似ている。青年教育についての諮問委員会による報告で勧告された考慮中のイングランドの新しい学校制度は、幾つかの修正があるけれども全般的に同じ方向にある。第二段階の「モダン」・スクールは、上の次の階梯から独立し、それゆえ四年のコースを持つ完全な学校として考えられている。委員会は、「モダン」・スクールから中等学校(「グラマー」)への移行を可能にするため、両方の型の中等学校の前期二年間に、同様の授業要綱を勧告した。この案は、二つの方式によって代表することができる。すなわち、一つの群は六年・四年であり、他の群は六年・二年・四年である。教育課程の区分は、アメリカ案と同じようにスコットランドとイングランドの案の両方で行われた。すなわち、第二段階は工業コース、商業コース、家政コースと職業コースを含んでいるのである。

アングロ・サクソンの伝統から全く別に、デンマーク、ノルウェー、スウェーデン、フィンランドの制度を包括した「北欧的」という一般的な名称で呼ばれる民主的な学校制度が生じた。現代の北欧の教育制度は、一六四九年コメニウスの直接の影響下で一種の階梯的制度を設立したクリスティーナ女王の学校制度とともに始まった長い歴史を持っている。しかし、現在の学校の組織は、全く最近のものである。ノルウェーの階梯的制度は一八九六年八月六日の法律によって設立され、デンマークの階梯的制度は一九〇三年四月二四日の法律により、スウェーデンの階梯的制度は極めて最近の一九一八年に設立された。例として、デンマークとスウェーデンの立法に影響を与えた一八九六年のノルウェーの案を取り上げてみよう。

すべての者に共通で、基礎として役立つ七歳から一二歳で構成される義務の小学校である「国民学校」がある。このコースを終了すると、生徒たちは四年課程の中間の学校である「中学校」か、二年コースの小学校の高等部に入学した。中学校の生徒たちのための第三の段階は、並行した三つの区分のある「ギムナジウム」である。すなわち、(一)歴史・言語コース、(二)実科コース(科学と数学)、(三)ラテン語コースである。小学校の高等部の生徒たちのための第三の段階は、補習学校と種々の職業学校から構成されている。アメリカ案から北欧案を区別している特徴は、五年間の共通教育の後の一二歳で行われる主に頭脳労働者と肉体労働者の区分である。学力が低いか学費がないために「中学校」に入学できなかったり、小学校の高等部で教育を続けなければならない子どもたちは、通常は肉体労働者となることが運命づけられ、大学に入る機会はほとんどない。もちろん、すべての者が利用できる大学の公開講座や個別指導の講習の形での出口があるが、しかしこれらの制度は不断の努力と決断を要するし、高等教育への正規の道としては考えられなかった。北欧の制度のこうした欠点は、ノルウェーの人たちによって認められたが、幾らかの逡巡の後にアメリカの新しい実施に従って一九一九年にノルウェー人がそれらの案を改善した。中学校は、一年間短縮され、七年制の小学校に継続している。制度はこの方法で統一され、すべての生徒たちに共通の七年・三年・三年の案が提供されている。しかし、全課程が一年間延長されているので、この解決が最終的なものとは考えられないのである(表6-2)。

北欧の制度に似た制度が、スイスの多くの州に設立された。例として、チューリッヒ州の制度が有益であろう。その制度は、一八三〇年の七月革命(44)に続く諸改革に起源があって、一八五九年の教育法

表6-2

ノルウェー(1896年)		年齢	チューリッヒ(スイス)		
家庭、幼稚園		6歳前	幼稚園		
国民学校		6-7	小学校		
国民学校 a		7-8	小学校		
国民学校 a		8-9	小学校		
国民学校		9-10	実科学校		
国民学校 b		10-11	実科学校		
国民学校 b		11-12	実科学校		
中学校 I	c 高等部	12-13	下級ギムナジウム I	中学校 I	高等部
中学校 II	c 高等部	13-14	下級ギムナジウム II	中学校 II	高等部
中学校 III	補習学校	14-15	文科ギムナジウム/実科ギムナジウム III	中学校 III / 工業高校・商業高校 I	農業学校
中学校 IV	補習学校	15-16	文科ギムナジウム/実科ギムナジウム IV	工業高校・商業高校 II	農業学校
ギムナジウム(歴史言語/科学数学/ラテン語) I	職業学校	16-17	文科ギムナジウム/実科ギムナジウム V	工業高校・商業高校 III	職業学校
ギムナジウム(歴史言語/科学数学/ラテン語) II	職業学校	17-18	文科ギムナジウム/実科ギムナジウム VI	工業高校・商業高校 IV	職業学校
ギムナジウム(歴史言語/科学数学/ラテン語) III	職業学校	18-19	文科ギムナジウム/実科ギムナジウム VII	工業高校・商業高校 V	職業学校
大学、工科大学	国民高等学校	19-20	大学	工科大学	公開講座
大学、工科大学	国民高等学校	20-21	大学	工科大学	公開講座
大学、工科大学	国民高等学校	21-22	大学	工科大学	公開講座
大学、工科大学	国民高等学校	22-23	大学	工科大学	公開講座

によって完全となった。教育の全分野の最終的な立法は、一八九九年に制定された。第一の段階は、六歳までの幼稚園である。六歳から一二歳まですべての子どもたちは、二つの区分、すなわち(一)六歳から九歳までの「小学校」と、(二)九歳から一二歳までの「実科学校」がある同じ小学校に入学する。六年後に、生徒たちは分かれて、下級ギムナジウムか中学校に移る。小学校の六学年では、すべての生徒たちが中学校の入学習志願者であるかもしれないし、希望して中学校に四週間の観察期間に通うかもしれない。この期間の終わりに、同一の試験が州のすべての中学校で行われる。試験の期間中、十分進歩し、試験に合格したら志願者たちは中学校に留まり、不適格な生徒たちは小学校の高等部に戻される。下級ギムナジウムは二年課程であり、通常は二つのコース、(一)ラテン語とギリシャ語による文科ギムナジウム、(二)ギリシャ語のないラテン語の実科ギムナジウムがあり、ギムナジウムの上級クラスのために準備する。中学校は三年課程であるが、生徒たちは二年生からギムナジウムの上級クラスか、産業学校か手工学校の第一学年に入学してよい。この二つの学校は、ラテン語の代わりに科学、数学、商業などの教科に専念する補習時間がある。第三のグループは、小学校に留まり、高等部の二年間の教育の後に補習学校や職業学校に入学する。スイスの制度は、より分化されているけれども、北欧の制度と同じ欠点を有している。不適格な生徒たちの小学校への差し戻しは、親たちによって侮辱や不法と見なされている。生徒たちの将来は肉体労働者になることであり、彼らが中学校に合格する他の機会は少しもない。生涯の仕事の最終決断をするには、一二歳は余りに早すぎるのである。一九二〇年、オランダはすべての者に共通の六年制の初等コースから構成され、後期にスイスの制度と同様に三つの主な集団に区分される同じ型の教育制度を導入した。

一九一九年、新生オーストリア共和国に、異なった形態の階梯的制度が設立された。オーストリアの制度は、一九〇七年ゲオルク・ケルシェンシュタイナーによって始められたミュンヘンの制度[45]の修正された模倣である。それは、共通の基礎として四年制の小学校があり、さらに第二の段階として四年制の中学校がある。また、第三の段階は七つの教育課程を持つ四年制のコースである。すなわち、それらは(一)古典コース、(二)現代語コース、(三)科学と数学コース、(四)ドイツ語と歴史コース、(五)女子のための家政コース、(六)技術コース、(七)商業コースであり、古いアメリカの案との類似性が認められるのである。新しいドイツの立法は、共通な義務の四年課程の小学校を制度化することによって、明らかに同じ方向へと動いている。また、ソビエト・ロシアに設立された新しい階梯的制度も指摘する必要がある。一九二三年の教育法によって、ロシアの制度は、名目上三つの段階を持っている。すなわち、(一)四年制の課程を持つ小学校、(二)中等学校の第一部(三年制)と、(三)中等学校の第二部(二年制)である。しかし、ロシアの制度は、他のヨーロッパの国々の制度と全く独立して制度を設置し、多くの独特な特徴を持っている。

結論として、フランスの「統一学校」[46]の主唱者であるフランス「同業者」の協会によって念入りに仕上げられた計画案を検討しよう。この計画案もまた、六年・三年・三年案に基づいている。最初の段階は、六年制の(六歳から一二歳までの)「小学校」である。第二の段階は、三年制の「中学校」であり、三つのコース(古典、現代、工業)や補習学校と三年の課程を持つ職業学校を含んでいる。第一の群の第三段階は「高等中学校」であり、第二の群には補習学校(三年制)がある。高等中学校は、次の部門を持っている。すなわち、(一)古典語、(二)古典科学、(三)現代語、(四)現代科学、(五)商業、(六)農業、(七)産業、(八)師範である。

このように、すべての現存する制度と計画案は、主に二つの群に分けてよいことが分かる。一つは、四年・四年・四年案に、他は六年・三年・三年案に基づいている。第一の群は、古いアメリカ、オーストリア、ドイツの案やイギリスの幾つかの自治領の制度である。第二の群は、新しいアメリカ、オーストラリア、新しいノルウェーの案、スコットランドの制度とフランスの計画案から成っている。イギリスの計画案とスイス（チューリッヒ）の制度は、六年・三年・三年案の修正として考えられるであろう。六年・三年・三年案の長所については、すでに取り扱った。それは、不動のものではなく、地域の条件によって第二の階梯（下級高等学校）の適用を認めるものである。ところが、四年・四年・四年案の第二段階は、余り早くから高等学校の方法を導入できないので、実際は小学校の補習でなければならない。もし、四年・四年・四年案を採用し、四年制の共通の課程の後で多様化を始めるのであれば、すべての者に共通の階梯の目標を達成できないであろう。すなわち、もし四年・四年・四年の共通の初等の基盤を作るのであれば、認められた古いアメリカの制度の欠点のすべてを取り入れることになるであろう。すべての子どもたちが様々に分かれる前に、共通の学校で少なくとも六年間を過ごさなければならないことは、社会的見地からも望ましいことである。他方で、八年間は初等課程としては余りに長く、多様化の要請はより短期の初等段階を要求している。六年間は両方の必要条件を統合するので、それゆえ六年・三年・三年案がより良いものである。

ところで、可能な限り頭脳労働者と肉体労働者の主な二つの群に分離させる傾向が存在する。一九世紀の著しい階級制度は、それに基づいていたが、しかし民主的な階梯的制度でさえ、そうした観念から完全に自由ではない。ドイツのヘルバルト学派の長であるW・ライン教授は、あらゆる生徒たちを三つの範疇に分けた。第一のものは、将来の肉体労働者、工場労働者、小作農、下級官吏を含む社会の低階層である。それらの生徒たちは、大人になった生活のなかで他者によって与えられる秩序を果たすだけであろう。彼らは、仕事における自由や自主権を少しも持っていないであろうし、「提供された労働」の集団を形成する。第二の層は、将来の職人、店員、自作農、事務員を含んでいる。これらの生徒たちは、その仕事において独立しているであろうし、仕事の目標を自分自身で決定できるであろう。彼らは、「決定された労働」の集団を形成する。第三の最上層は、将来の事業や商売の長、大地主、高級官吏、陸海軍の将校、教師、聖職者、科学者を含んでいる。これらの生徒たちは、創造的な人間になるであろうし、彼らは新しい組織と思想を創造するであろう。彼らは、「創造的労働」の集団を形成する。これらの三つの社会的階層に従って、ラインは教育の階梯を六年間の共通の基礎を持つ三つの区切られた階梯に分けている。この彼の計画案では、生徒の親たちの地位が常に生徒の属する集団を決定するのであり、ある集団から他の集団への移行は全く簡単ではないのであって、そのような階梯的制度は古い階級制度の緩和でしかない。

同じような検討が、ソビエト・ロシアの実施に影響を与え、すべての者ために意図された公立小学校を、三つの社会集団のための三つに区分した制度に改編した。しかし、ロシアでは最上層の階級は共産党員たちから成り、彼らは子どもたちを将来の指導者や統治者として教育している。それは、全く労働者階級を構成する人々のなかに疑いを引き起こす階梯的制度の解釈であると言える。彼らは、教育の「階梯的制度」ではなく、人が生まれた階級から出て社会の最上層に入るという「登攀」を暗示する「教育の高速道路」を要求しているのである。しかし、これらの二つの概念は、必ずしも矛盾するものではなく、同じ民主的な案にうまく共存するであろう。教育の高速道路は、すべての者に画一的で単一な道を意味するのではなく、教育のすべての出口がすべての子どもたちのために開かれていなければならないことを意味している。高速道路は、完全な中等教育の同じ目標に至る多くの道筋を持っていてよい。反対に、「階梯」は選ばれた極く少数の者たちのために贈られた障害物を意味するものなのではない。それは、階梯のすべての段階が調整され、次々に獲得されなくてはならないことを意味するだけなのである。両方の概念は、すべての者に等しい機会を与える分化された教育の制度として解釈されるであろう。もちろん、様々な能力は、持ち主によって様々な方向と高さに伸張されるのであって、民主主義とは最も低い基準にすべてを水平化することを意味するものではない。反対に、民主主義は、あらゆる才能と能力をその可能な極限にまで伸張する機会を提供することなのである。それゆえ、階梯的制度は、標準以上の子どもたちと同様に、標準より下のすべての特殊児童たちのためにも、分岐路を持たなくてはならないのである。通常の集団にとって、教育課程の多様化と教科選択の制度は、あらゆる能力の多様性のために等しい機会を与えるであろう。現代の「高速道路」は、それぞれが交差しつつ、すべての者に中等教育を導く多くの平行な道筋のある複線的な教育制度なのである。

第七章　特殊児童

子どもたちの大多数は身体的、精神的な両面で正常であるが、すべての国々には多数の異常な子どもたちがいる。異常な子どもたちには様々な分類があるが、それらは分かりやすく三つの大きなグループに分けて差し支えないであろう。すなわち、(一)身体的な異常、(二)精神的な異常、そして第三のグループの(三)しばしば精神的な遅滞か身体的な障害を伴う気質上の異常や、道徳的に欠点のある子どもたちである。身体的な障害のある子どもたちは、一般に(a)聴覚障害、(b)視覚障害、(c)身体障害の三つのグループに分けられる。繊細な子どもたちや一時的な障害の子どもたちは、健常児のための公立の学校制度のなかで処遇することができるので、特殊児童の特別クラスを必要としない。精神遅滞には、軽度・中度・重度の知的遅滞があるが、標準よりやや下の遅滞児もまた健常児の学校から別にされる必要はない。道徳的に特別な問題のある子どもや非行児には、いわゆる怠惰やわがままな子どもたちも含まれる。てんかんの子どもたちは、一般的には精神遅滞や道徳的倒錯を伴う疾患のある子どもたちと一緒のクラスにされるが、彼らの症例の特徴によっては別のクラスが考えられてよい。これらすべての特殊児童のグループは知的能力が標準以下であるが、しかしまた例外的な環境と処遇を必要とする天賦の才能のあるグループも存在する。標準以上の子どもたちの分類は、標準以下の子どもたちの三つの区分と同じものではない。身体が健常でない子どもたちや、道徳的な資質に欠点のある子どもたちは、特別な教育問題を提起しないし、標準的な子どもと一緒に難無く教育することができるであろう。それゆえ、特別な学校を必要とする子どもとは言えないであろう。

特殊児童をその他の子どもたちから離し、また彼らのために特別な学校を設立したりするのは、比較的最近のことである。古代の世界は、障害のある子どもたちに同情を持たなかったし、また実際に親たちは大変残酷な手段で彼らに対した。キリスト教は、こうした不幸な者たちへの態度に著しい変化をもたらしたが、しかし彼らの教育のための規定は現代に至るまで無かったのである。彼らは、生きることを許されたとしても、むしろ放置されたり、しばしば一般の人たちのからかいの対象にされた。一八世紀になってやっと社会的な良心が覚醒され、社会は自分たちの子どもたちに対する社会の責任を認めた。しかし、ほとんどの場合、政府による体系的な立法よりも篤志家の主導が先行していた。特殊児童の教育に対する最初の国家的な動きは、一八世紀の終わりから一九世紀の初めにかけて常に開明的専制君主によって行われた。しかし、その措置は、体系的ではなかったし、国家としての配慮よりも憐れみによって進められていた。

障害のある子どもたちの教育は、現代の民主主義の到来によって初めて公的学校制度の一部分として、適切な基礎を置くことができたのであった。機会の平等という民主主義の原理は、健常児に関するだけでなく、すべての子どもたちに例外なく適用されなければならないという長所を持っている。このことは、国家は障害児の教育について責任があるということを意味する。就学義務法が導入され実施される以前は、障害児たちは公立学校の外側に留められ、また彼らの数も知られていなかった。障害児の適切な分類と最初の統計上の資料は、一九世紀の後半にやっと正確になった。障害児の割合は、国によって異なる。イギリスでは、医療局局長の報告(一九二六年)によれば、障害の発生率は、(一九二三年に採用された通常就学児の一〇〇〇人に対する概算である)次のようであった。視覚障害〇・四パーセント、準視覚障害一・〇パーセント、聴覚障害〇・九パーセント、準聴覚障害〇・三パーセント、精神遅滞八・六パーセント、真性てんかん〇・六パーセント、肢体障害一〇・〇パーセントであり、総計は一〇〇〇人の学童の二二・八パーセントである。これは、イギリスにとって絶対数では約一〇万人の障害のある学童を表している。同じ年のドイツでは、障害児の割合は(すべての学童を一〇〇として)次のようであった。精神遅滞二・〇パーセント、肢体障害〇・一パーセント、てんかん〇・一二パーセント、準聴覚障害〇・二パーセント、準視覚障害〇・二パーセント、聴覚障害〇・三パーセント、視覚障害〇・〇四パーセントであり、総計は三・〇パーセントで、絶対数ではドイツの約二〇万人の子どもである。

標準以上の子どもたちの数は分からないが、ビネ・シモン検査に基づきおおよそ数えられる。C・バート[47]は、ロンドンで知的に標準以上の子どもたちを数えた。彼らの年齢と比べて三歳以上進んだ子どもたちだけを取り上げたが、ロンドンのすべての小学校学童の約二パーセントである。それは全国の約一〇万人の学童を代表している。このような重大な問題は有志の機関では解決されないし、国家が介入しなければならない。すべての特殊児童を包括する体系的な立法は、まだ将来のことである。すなわち、現在までは異なった時期に公布された法令によって様々な団体が別々に行っている。それゆえ、特殊児童たちの教育の歴史は、ただ関係するそれぞれの団体によって別々に述べることができる。

聴覚障害児たちは、最初に特別な関心を受けたグループであった。聾唖児たちの最初の教育の試みは、一五七〇年のスペインで、修道僧ペドロ・ド・ポンセによってなされた。しかし、最初の正規の学校は、一七七〇年にやっとパリでA・エペーによって設立された。翌年、T・ブレードウッドがエジンバラに、一七七八年にはS・ハイニッケ(48)がザクセンのライプチヒに同じような学校を設立した。エペーとハイニッケは、二つの異なった教授法の創始者であった。ドイツの口頭教授法が徐々に普及し、現在では一般的に認められている。聾唖児たちのための最初の国立学校は、皇帝ヨーゼフ二世によって一七七九年ウイーンに設立された。一七九一年には、フランス政府がエペーの学校を引き継ぎ、またプロイセン政府は一七九八年にプロイセンにおける最初の施設を引き継いだ。一八〇六年にはロシアの最初の国立施設が設立され、また一八二三年に聴覚障害児のためのアメリカ最初の州立学校がケンタッキー州で設立された。イギリスでは、聴覚障害児のための最初の公立学校はさらに後で、ロンドン学校委員会が聴覚障害児たちのためのクラスを設けた一八七四年になってやっと設立された。

ヨーロッパ大陸での視覚障害児たちのための最初の学校は、V・アユイ(49)の主導によって国立施設として設立された。一七八四年、パリにジュネ・アビュグル国民施設が建てられ、また一七九一年に第一共和制政府によって国の施設にされた。V・アユイは、一八〇六年にベルリンで国立施設の設立を助け、ドイツを経てロシアに行き、一八〇七年にはペテルブルクで同様の学校の設立を助けた。イギリスでの最初の学校は私立で、一七九〇年リバプールに、一七九三年にはブリストールに、一七九九年にはロンドンに私立学校が建てられた。また、視覚障害児たちのための最初の公立学校は、一八七九年にロンドン学校委員会によって設立された。アメリカでは視覚障害児のための最初の州立学校が、一八三七年にオハイオに建てられた。

ドイツは、聴覚障害児や視覚障害児の教育のための立法の先駆けであった。バイエルンや他の諸州が一八二二年と、同じ早い時期に法案を制定し始めたけれど、プロイセンはその他のことと同様に、この点でも先導した。諸州は、州の障害児たちのすべてを収容しなければならないのであれば、居住施設が大変費用のかかることを知った。プロイセンは、一八二七年に聾唖教育のための教師たちを訓練する特別な学校を設立した。教師たちは、後に地域の学校の現場で聾唖の子どもたちを教えるために、地方に派遣された。こうした方法によって、聴覚障害児のために最初の昼間の公立学校が建てられた。聴覚障害児のための最初の就学義務法は、一八〇五年プロイセンのシュレスヴィッヒ・ホルスタイン地方で制定された。一八七三年には、ザクセン州は聴覚障害児や視覚障害児を含む就学義務法を導入したのである。

イギリスでは、最初の国全体の総合的な法律、視聴覚障害児法が一八九三年に制定された。この法令の諸規定によって、親たちは視聴覚障害の子どもたちに有効な初等教育を与えなければならない。子どもが特定の距離以内に登校できる公立学校がない場合でも、そのことで親たちは義務から免除されないのである。すなわち、「視聴覚障害の子どもたちをその地区に住むことを可能にすることが、すべての学校当局の義務でなければならない。また、彼らの初等教育ために有効で適切な準備がなされていないならば、教育局により認可された……幾つかの学校で初等教育を受けさせることは、学校当局の義務でなければならない。」（第二条）。一九〇六年、プロイセン政府は視聴覚障害の子どもたちのために、顧みられない子どもたちに関する一九〇〇年の法律を充実した。その結果、彼らの教育は実際的に義務となった。一九一一年、プロイセンでは視聴覚障害の子どもたちの就学義務が特別法によって施行された。アメリカでは、大多数の州が視聴覚障害の子どもたちのための規定を作成したけれども、それらは就学義務を除いていた。

肢体障害児たちへの注意が世論を引きつけたのは、ずっと後のことであった。肢体障害児たちのための最初の学校は、クルツによって一八三二年ミュンヘンに建てられ、一八四四年に国家によって引き継がれた。イギリスでは、女子たちのため最初の学校が一八五一年に、男子たちのためには一八六五年にロンドンに建てられた。アメリカでは肢体障害児たちのための最初の私立学校が一八六一年ニュー・ヨークに設立され、また最初の州立の施設は一八八八年に同じ街に建てられた。ドイツでは、肢体障害児たちは就学義務から免除されておらず、すべての肢体障害児たちの義務が記載された法律が一九二〇年に制定された。アメリカでは、多くの州が肢体障害児たちのための特別な学校を持っているが、しかし立法は任意の性格のもので、肢体障害児たちは就学義務から免除されている。イギリスでは、一八九九年の最初の法令、障害児・てんかん児法は、地方当局が「法廷に申請するにふさわしいと考える」場合のみ、特別な学校に肢体障害児たちを入学させることを親たちに義務づけた。法令は一九一四年に改正され、特別な学校での肢体障害児たちの教育が親たちと地方当局の双方の義務となった。

精神遅滞児たちは、教育できないと長い間考えられてきた。知的遅滞児を教育する最初の試みが、一八〇〇年パリでイタールによってなされた。試みは、五年間の教育後に不成功であることが分かった。知的遅滞児たちのための最初の寄宿学校は、一八一六年オーストリアのザルツブルクにG・グゲンモーズにより建てられたが、一八三五年に資金の不足によって閉鎖された。この領域の開拓者はE・セガン博士であり、彼は一八三七年パリに知的遅滞児たちのための学校を建てた。彼の「知的遅滞についての論文」は、定評のある仕事として残っている。ドイツでは、精神遅滞児のための最初の特別クラスが、一八五九年プロイセンのハレに設けられた。一八七六年、ザクセンのドレスデン市は、精神遅滞児たちのための市立のクラスを設けた。アメリカでは、知的遅滞児のための最初の私立学校が一八四八年マサチューセッツ州で開設され、最初の州立学校は一八五一年ニュー・ヨークに開設された。知的遅滞児のための最初の就学義務法は、一八七五年ザクセン州で制定された。一八九九年のイギリスの法令は任意の性格のもので、一九一四年になってやっと知的遅滞児教育が地方当局の義務となった。もし親たちが彼らの子どもたちを特別な学校に入学させないのであれば、親たちが家庭で適切な教育を与えなければならない。フランスは最初の任意の法律を一九〇九年に制定し、アメリカは一九一二年にニュー・ジャージー州で制定した。

道徳的に欠点のある子どもたちが立法者たちの注意を呼び起こしたのは、知的遅滞児たちよりもずっと早かった。非行児たちの教育に関する最初の法令が成立したは、フランス革命の一七九一年の法律であった。しかし、その法律はすべての非行児たちを授産学校での分離教育を推奨したけれども、フランスにはそうした学校や施設がなかったので実施に至らなかった。最初の私立の授産学校は、一八一七年にパリに建てられた。フランス政府は、一八四二年に非行児のための最初の学校を建てた。ドイツが次の国として続き、非行児たちのための最初の私立の施設が一八一九年に設立され、また最初の州の施設は一八三四年に設立された。アメリカ合衆国、イギリス、オーストリアがその後に続いた。最初の教護院は、若者たちにとっては寄宿学校より刑務所のようであった。制度は大変厳しく、看守付きの刑務所制度の焼き直しであり、その他の外観も刑務所の模倣であった。教護院は、一九世紀の後半になってやっと新しい方法を試みたのである。

非行児たちを教育する最善の国家制度は、大英帝国、フランス、ドイツで展開されてきた。この大英帝国の非行児の訓練のための施設は、三つのグループに分けられる。第一のものは、一四歳までの犯罪の可能性のある子どもたちのための授産学校である。第二のものは、一二歳から一六歳までの有罪とされた非行児のための教護院である。これらの二つの学校群は、一二歳から一四歳までの期間が重複する。第三のものは、一六歳から二一歳までの若い犯罪者のためのボースタル再教育施設[50]である。これらの三つの型は、別々の起源と歴史を持っている。授産学校は、一九世紀の四〇年代に貧民学校[51]から発展し、一八五四年の法令の後は国の監督下に置かれた。最初の教護院は、一八四〇年にレッドヒルに民間の主導で設立された。二〇世紀の始まりとともに、政府は刑務所と関連づけて教護院の設立を試みたが、しかし一八五四年の法令の後にこの制度は中止され、教護院は独立した施設として設けられた。ボースタル再教育施設は、若い犯罪者の刑務所の一部分が発展したもので、その起源は全く最近のものである。最初の実験が、一九〇二年ボースタルで行われた。一八五四年の法令後の次の大きな法案は、一八六六年に成立した犯罪者の訓練のための統合法であった。多くの小さな法令がそれ以来成立してきたが、しかし最近の立法は一九〇八年の児童法と同年の犯罪防止法であり、幾つかの改正が一九一四年の刑法、司法、行政の法令のなかで行われた。これらの法令よれば、道徳的に放置された環境と犯罪者の仲間（第三条参照）のうちに見出される一四歳までのすべての子どもたちは、認可された授産学校に入ることを開廷中の下級裁判所によって命じられるであろう。子どもを制御できず、また子どもをそのような学校に入学させたいことを裁判所が認める前に、刑罰を負った一二歳以下の子どもか、その親ないし保護者に、同じことが行われる。一二歳から一六歳までのあいだの若い犯罪者が裁判所で有罪判決を受けたならば、その後彼は認可された教護院に送られることが命じられる。それは、一六歳以上二一歳以下の若い犯罪者が裁判所で有罪となったり、裁判所が犯罪的な習性の矯正を促す教育や訓練のもとに留置の対象とすべきことが得策であると認めたならば、裁判所は一年以上三年以下の期間をボースタル再教育施設の懲罰訓練のもとに留め置く判決を下してよい。授産学校は、ほとんどの場合に地方当局により維持され、運営されている。国の監督下での有志団体の教護院とボースタル再教育施設は、内務省によって維持される。

フランスでは、一八五〇年の法律によって、三つの同じようなグループの若い非行者の区分が導入された。相応する施設は、堕落の少ない子どもたちには「懲罰コロニー」であり、また有罪の子どもたちには「矯正コロニー」であって、そして年長のより重い罪の子どもたちのためには刑務所の別部局である。フランスでは、すべての孤児たちと捨て子たちが国によって保護されている。一八八九年の法律によって、道徳的に放置された子どもたちや親が犯罪者の子どもたちは、国のこれらの子どもたちのグループに加えられ、それ以来そのような子どもたちは国の監督のもとで国の特別な施設か、特別に選ばれた農場経営の家族によって教育される。この問題に関する最近の法律が、一九〇四年と一九二一年に成立した。ドイツでは、非行児や道徳的に放置された子どもたちの訓練は、一八九六年に民法の一六六六条と一八三八条によって初めて整えられた。様々な地方

表7-1

国	視覚障害		聴覚障害		身体障害		精神障害		非行		英才
	私立	国立	私立	国立	私立	国立	私立	国立	私立	国立	—
イギリス	1791	1879	1771	1874	1851	1899	1864	1892	1840	1854	—
アメリカ	1832	1837	1817	1823	1861	1888	1848	1851	1825	1847	1990
ドイツ	—	1806	1778	1798	1832	1844	1859	1867	1819	1834	1909
フランス	1784	1791	1770	1791	1845	1862	1839	1909	1817	1842	—
ロシア	—	1807	—	1806	1892	1918	1882	1908	—	1918	—
オーストリア	1808	1861	—	1779	—	1900	1816	1885	1848	1884	1919

（州）が一八七〇年から一八九六年のあいだに特別法を発令した。一九〇二年、プロイセンに総合法が制定された。これらの法令は、一九二二年の戦後の法律に取り入れられた（第三章参照）。

特殊児童たちの学校は、最初は個人や国家の主導（都市を含む）によって設立された（**表7-1**）。

障害児の教育の歴史的な発展についてのこの簡単な一覧表は、ほとんどすべての文明国がこれらの子どもたちの例外的な地位を認め、彼らの教育に対する国の責任を認めていることを示している。ただ一つの特殊児童たちのグループ、すなわち英才児たちのグループは、一般的な認知を受けていない。アメリカ、オーストラリア、ドイツを除いて、英才児のための特別な用意がない。もちろん、中等学校と大学は数百年間存在してきたし、それらの上級学校は英才児たちのために十分な供給をしたと言ってよい。上流階級の英才児たちは彼らの才能を極限まで発達させるために常に準備されたし、また発達させることができたということは全くの事実である。貧しい親たちが持った英才児たちは、まさに逆である。彼らは、概して初等教育で満足しなければならなかった。しかし、中等学校や大学でさえ、唯一の例外の大学院でも、少しも英才児だけの教育の場を意味していないし、授業料を払うことができれば標準的な知能の子どもたちや青年たちを受け入れるのである。英才児は、その教育の期間に非常に多くの量の題材を吸収することが要求されるだけでなく、その上さらに特別な教授法と個別の研究方法を必要としている。標準的な子どもは、すべて四〇人の子どもたちのクラスで教えることができるが、英才児は非常に少数のグループ、時には個人的に教えられなくてはならない。それゆえ、今日の中等学校や大学は、英才児たちの素質や資質にもかかわらず、彼らのための特別な用意を提供できないでいる。この英才児グループのための最初のクラスは、アメリカ合衆国において提供された。一八六八年早々に、セントルイス案や短期間の計画が導入された。一八八八年頃にはエリザベス案が展開された。ケンブリッジ案や「複線」案は、一八九一年に設けられた。障害のある子どもたちのために独創的に考案されたセント・バーバラ案は、一八九九年に英才児たちにまで広げられた。イギリスで大変よく知られているダルトン・プランは、一九一二年に始められた。しかし、これらのすべての計画は、英才児たちのための特別な学校を設立しなかったし、彼らをその他の子どもたちから分けなかった。それらの計画の幾つかは、聡明な子どもたちに、普通の授業要綱を短期間に学ばせる準備をした。その他のものは、拡大した教育課程のために、同時に二つの方法を第三の方法に結びつけたのである。英才児たちのための最初の特別なクラスが一九〇〇年にニュー・ヨークに開設され、それ以後に多くのアメリカの都市がその例に従った。

ドイツにおいて最もよく知られている教育課程の分化した制度は、A・ジッキンガー博士の「マンハイムの学校制度」である。遅滞児たちに対する独立のクラスの最初の試みが一八九九年に行われ、聡明な子どもたちのための特別なクラスは一九〇九年ジッキンガーによって始められた。大戦の終わり(一九一七年)に、ハンブルク、ライプチヒ、ブレスラウ、ベルリンなどの諸都市がそれぞれ固有の英才児教育の制度を導入した。大規模で最も興味のある試みが、戦後のオーストリアで行われた。一九一九年に、政府は、上流階級の子どもたちが行くことになっていた帝国陸軍寄宿学校を男子のために、また女子のための寄宿施設を、国の英才児たちのための国立寄宿学校に改編した。収容者は、親の社会的、経済的な状態にかかわりなく、国中全体から選ばれる。英才児を選ぶ方法は様々である。アメリカでは、そのような学校のための生徒たちの選抜は主に心理テストと知能指数に基づき、オーストリアでは特別な試験が考案され、ドイツでは両方の方法が採用された。これらの学校は大変最近のもので、どの選抜の方法が最善であるかということを判断するにはまだ早すぎる。どのようなことも誤りがあるけれども、すべての方法が満足な結果を示している。

孤児たちも、また特殊児童であると言えるであろうし、それゆえ彼らの教育のために特別な用意がなければならないであろう。しかし、それは道徳的に放置されたり、貧しかったりする子どもたちの場合のみ真実である。すなわち、親戚縁者の家族と一緒に通常の状態で生活している孤児は、特別な用意を必要としない。貧しい子どもたちのための国や私立の孤児院でさえも、必ずしも学校ではないし、稀には外部の学校に収容者を通わせるべきである。すなわち、孤児たちが精神的にも肉体的にも正常であれば、彼らは普通の公立学校に通学できるし、また通学させるべきである。そこでは、彼らの不幸の原因によって、彼らが属するグループに分けられるべきであってはならない。このように、孤児たちは特殊児童の別のグループとして考えられるべきではなく、また彼らだけの閉鎖的な教育のために特別な学校を必要としない。国家は、貧しい子どもたちのために孤児院を維持すべきであるが、しかしその問題は全く異なった性格の問題である。孤児院内に孤児たちの収容者を除いて、他の生徒たちがいないであろう学校を持つことがより好都合であるという場合、その学校はそれを特例とする幾つかの例外的な特徴を持つことを意味しない。それゆえ、この章では、貧しい孤児たちの教育の問題を含めないことにしよう。

一見すると、第五章で詳細に扱った民主的な階梯的制度と、特殊児童のための特別な用意とは矛盾するように思われる。第一の原理は、例外なくすべての者に共通の学校を要求し、第二の原理は多数者から外れるすべての子どもたちに特別な学校を要求する。もし民主主義が画一性を意味するのならば、個別化の第二の原理は明らかに反民主的である。しかし、画一的な教育が不可能なのではなく、画一的な教育は不公平で、民主主義の基本原理、すなわちすべてのものに平等な機会を与えるという原理と反対のことなのである。障害児のための特別な施設について、構えて反対する人たちはほとんどいない。反対は、常に英才児のための特別な用意に関して生じるのである。英才児たちは、すでに生まれながらの利点を持っているのに、なぜ特別な教育によって彼らの卓越性を強調するのであろうかと、反対者は問うのである。確かに、そのような方法では、国民から乖離した貴族を再び教育することになる。然りである。しかし、この貴族制は血統ではなく、精神と性格の貴族制であろう。この貴族制は、社会のすべての階層に起源を持ち、国家によって国家のために教育されるであろう。国家は、国民を必要とするように指導者も必要とし、ちょうど普通の能力の子どもが才能を発達させるあらゆる機会を獲得しなければならないのと同じように、指導者としての特別な能力(潜在能力)を発達させる機会を持つべきなのである。このことと非画一性が、民主主義の本質なのである。実際、そのような英才児たちの選抜は、華々しい儀式などではなく、非常に注意深い試験を伴うものでなければならない。そのために、子どもを損なってはいけないし、失望させてもいけない。同じような注意が、遅滞児の基準審査でも行われなければならない。その問題は、遅滞児と標準児、また標準児と標準以上の子どもとのあいだに絶対的な基準がないということである。極端な場合は明白で区別が大変容易であるが、しかし境界にある場合は二つの異なった試験によって違ったグループに簡単に入れてよい。誤りは必然的に生じるであろうし、それゆえ疑問のある場合はある期間の後に再編成の用意がなされなければならない。そのために、疑問のある場合の転校は、手間取ることなく、また雰囲気のひどい変化もなくできるようでなければならない。特に、特殊児童のための特別な学校の全体的な制度は、同じ国家の部局のもとで一般の公立学校体系との密接な関係のなかで展開されなければならない。学校の様々な形態間の相違は、できるならば子どもたちの生まれながらの能力での違いと同じ程度でなければならないのである。

第八章　教　師

教師たちに対する国家政策は、養成、俸給、年金、職業的地位、政策の運営や決定への教師たちの参加など、多くの事項を含んでいる。これらの教職の様々な側面に関わる種々の可能な政策のあいだに、必然的な関連はないが、しかし特定のいかなる政策も、多かれ少なかれ民主的とか非民主的であると言われる。例えば、教師たちの養成は集中的に国によって行われてよいし、一方で俸給は大蔵省のいかなる補助金も無しに、あるいは補助金を得て有志団体や地方当局によって支払われてもよいが、両方の政策は民主政治や独裁政治と結びつくかもしれない。何が教師たちに対する民主的な政策であるべきかを決定するには、基礎として幾つかの原理を受け入れなければならない。全体として、教育制度は子どもたちのために作られ、彼らの利益があらゆる場合でも優先されなくてはならないことは明らかである。それゆえ、原理としては第一に子どもたち、第二には教師たち、第三に経費でなければならない。これらの三つの利益をめぐる葛藤のあらゆる場面に、国家は子どもたちの擁護者として介入しなければならないし、子どもたちの恩恵があるように決定しなければならない。子どもたちの利益を伴わない場合は、教師たちの利益がまず立法によって設定されるべきであり、また保護されるべきである。

教師たちに関する最初の問題は、教師たちの養成の問題である。ここでは、教師養成の方法や課程は扱わないことにして、国家の政策一般についてだけを扱うことにしよう。教師養成の問題を取り扱うに際し、二つの歴史的な伝統がある。一つは、大陸的と言われるもので、中央政府によって維持や助成が行われ、また中央政府の視学官によって監督される国家の施設において、教師養成を独占するものである。他は、アングロ・サクソンの伝統である私人の主体性に十分な自由を与え、国家が徐々に不本意ながら監督と介入を導入するものである。

大陸的伝統は、ゲルマン民族によって展開され、ヨーロッパのほとんどすべての国々によって続けられてきた。最初の教師の養成所は、一六九六年にフランケ[52]によってハレに創立された。これはいわゆる「教師養成所」と呼ばれ、フランケが経営する孤児院と上級学校の両方の教師を供給するために設立された。彼の生徒たちの一人であったヨハン・ヘッカーは、一七四八年にベルリンに教師の準備としての施設を開いた。一七五三年には、フリードリヒ大王がこの養成所に助成金を認め、彼の王国の学校教師の空席はすべてこの施設で訓練された教師によって満たされるべきであるという命令を発した。何年かの後に、サガン(プロイセンのシレジア)のアウグスチヌス修道院の院長であるヨハン・フェルビガーは、彼の修道院内に教師の養成所を設け、また一七六五年にはフリードリヒ大王がシレジアのために「一般地方学事通則」を発布し、そのなかで彼は学校制度の模範としてサガンの養成所を取り上げた。オーストリアのマリア・テレジアは、フリードリヒ大王の例に従って一七七一年ウィーンに「師範学校」を開設し、一七七四年校長にフェルビガーが任命された。一七七四年のオーストリアの法令によれば、どの地方も「師範学校」か教員養成大学を持っていた。この制度はロシアの大帝エカテリーナによって模倣され、一七八三年にペテルブルグにロシア最初の教員養成大学が設立された。ナポレオンも一八〇八年と一八一一年に、フランスのために同じことを行った。このような起源から、近代の教師養成における国家独占の大陸的制度が形成されたのである。

アングロ・サクソンの伝統は全く異なっていて、教師たちの養成は有志団体の手にあり、国家は全く干渉しなかった。イギリスやアメリカでは、一八三九年まで国立の教員養成大学は存在しなかった。アメリカ合衆国では、その年に最初の国立の師範学校がマサチューセッツ州に開設された。同じ年に、イギリスに国立師範学校を設立しようとしたケイ・シャツルワース卿の試みが、二つの大きな協会の敵対的姿勢によって挫折してしまった。国立師範学校の設立に失敗しながらも、シャツルワースはバターシー[53]教員養成大学を設立した。他の宗派の教員養成大学がそれに続いた。イギリス協会と外国協会の教員養成大学を除いて、すべての教員養成大学が特定の宗派と結びついていた。一八四三年と一八四四年の議事録によれば、政府はこれらの単科大学に建設の補助金を与え、一八五〇年にはイギリスではすでに一六の私立の単科大学があった。単科大学への助成金の支給と並んで、政府は生徒と教師のための奨学金と生計補助金を設け、シャツルワースによって開始された制度は後にオランダの例となった。一八四六年、政府は建設補助金に加えて、宗派の単科大学への維持補助金を提案したので、それ以来いわゆる私立の単科大学と呼ばれるものが事実上大蔵省によって維持されたのである。国の大変緩やかな形での監督がそれらの補助金と結びつき、ほとんどすべての宗派は国の費用を自分たちの宗派の単科大学を持つ機会に役立てた。その後すぐに、政府は、補助金の条件として、一五パーセントの席が宗派に関係なく志願者すべてに開放されるべきであることを要求した。

一九世紀には、大学や大学の学部が教育学部を開設し始め、それらは政府によって教員養成大学として認められた。これらの学部は、宗派的なものではなく、信条にかかわりなく急激に増加したすべての志願者たちに多くの場を開放した。一八六〇年以来中断されていた建設補助金が復活した一九〇五年に、政府の教育政策における新機軸が起こったが、しかしそれは地方当局によって設立された教員養成大学に対してだけであった。これ政府は、地方当局が残額を調達できるならば、当初の費用の七五パーセントをまかなうことを提案した。これは、地方の自主性を刺激し、最近の二〇年間に地方当局よって設立された二〇以上の単科大学が出現した。現状は変わらず、四九の私立の単科大学に加えて、二〇の大学と国立単科大学と呼ばれる二〇の市立の師範学校がある。イギリスにおいてさえ、完全な自由や私人主導から、国家独占や国家監督への傾向があるのが分かる。

アメリカでは、同じような発展が一九世紀の中頃に起こった。最初の州立単科大学が、一八三九年にマサチューセッツ州に設立され[54]、その後他の州もこの例に従い、一九世紀末にはすべての州が師範学校を持っていただけでなく、多くの都市や地方が同じようにそれぞれの師範学校を設立した。現在、アメリカ合衆国では三八二以上の教育大学と六三の師範学校が宗教的、非宗教的有志団体によって維持されている。教師養成に関する州の中央集権化の影響は有益である。「地方に任されてきたところでは、進歩は活発と混乱が対になって断続的であり、不規則であった。しかし、人民の主な理想を代表している州では、特権が大胆に主張され、地域の雇い主に代わって教師陣を州の熟練された公務員や従業員の団体へと形成し、また地域社会からの反応が直接的となり、教師たちについての印象は教師たちに安定と力と尊厳を変わることなく与えてきている」(カーネギー財団　一四巻、六四頁)。

イギリスに関しても、同じ結論が引き出されるであろう。第二章で、国家と教会について述べたとき、宗派的偏向と民主主義教育の不一致を論じた。教師養成についても、さらにもっと論じられるべきである。国家の費用で行われる宗教的に偏向のある教師養成のイギリスの実際は、全体として地域社会の利益に矛盾し、また利益に反している。あらゆる妥協は、例えば非宗派的な志願者たちのための五〇パーセントの席は、時々相互に対立する多くの宗派と国家の不自然な連携を、ただ強調するにすぎない。私立の単科大学が宗派的偏向を持たない場合、ある特定の宗教団体との連携は存在理由がないばかりか、あるいは私立の単科大学が宗派的偏向を持っている場合も、非宗教的な政府はその単科大学を援助しないのである。私立の単科大学を奨励することによって、政府が公金を節約しているという主張は、私立の単科大学の予算が示しているように、正しくない。一九一二年から一九一三年までのすべての私立の単科大学の収入は、大蔵省からの補助金七二パーセント、学生の授業料二〇パーセント、有志の献金五パーセント、その他の収入三パーセントから成っている。ある事例では、何校かの単科大学は、完全に大蔵省の補助金によって維持されていた。一九〇五年以来、市立の単科大学の奨励は、正しい方向への第一歩であったし、またその傾向は大学や地方当局により設立される教員養成大学の国家制度へと導いている。中央政府は、一九三九年の失敗の後、明らかに国家中心の制度の考え方を断念した。反対に、大陸では稀で例外であるが、教員養成大学は中央政府によって維持され、監督されている。アメリカでは、公庫からの補助金を受けない私立学校に加えて、州と地方当局の両方が教員養成大学を州の制度の一部として維持している。この中央化と私立主導の連携は、最もアングロ・サクソンの伝統に適していて、イギリスにおいて容易に展開され得るのである。

教師たちに関する次の問題は、俸給と年金の問題である。ここでは、教師の報酬の一般的な原理だけを述べよう。教師たちに十分な賃金を払わない傾向が常に存在してきたが、それはまだ完全になくなっていない。教師たちによって尽くされる社会的貢献の重要さを認めている一方で、多くの政府は安上がりの労働と安上がりの財政という政策を求めている。教師たちの社会的地位の低さは、そうした政策の結果である。民主的な国家は、よくない教師たちには低い俸給とすることで賃金を十分に払うべきでないし、また手厚い報酬によって教師たちの水準と社会的地位を上げる努力もすべきでない。教師たちは、国の奉仕者として認められなければならないし、そうした奉仕に伴うすべての権利を享受すべきである。国家の仕事に最も値する権利の一つは、年金の権利である。民主主義国でさえ教師たちのための年金制度がないが、現在のところ国の年金を受ける教師たちの権利について、誰もほとんど論じていない。この点に関しては、大陸の国々がより進んでいて、アングロ・サクソンの国々よりもずっと早くから教師たちのための年金制度を設けた。

ドイツでは、現代の観点からすればその規定は十分ではないが、最初の教師たちのための恩給制度が一八一九年プロイセンに設けられた。最初の近代的な制度は、一八四〇年にビュルテンベルクにおいて導入された。フランスにおける最初の年金法は一八五三年に導入され、オランダでは一八五七年に導入された。イギリスでは、一八四六年の議会が、老齢の教師たちに賞与を支給するために年一回の基金を設けた。しかし、これらの二〇〇ポンドないし三〇〇ポンドの賞与は、ほとんど年金制度として認めることはできないであろう。イギリスは、一八九八年の教員退職法令まで、恩給制度がなかったと言える。アメリカでの教師の年金を扱った最初の立法は、一八九四年ニュー・ヨーク市で制定された。最初の州の制度は、一八九六年にニュー・ジャージー州で設立され、現在でさえ六つの州しか年金制度がないし、それらは州や地方の規模での年金制度でない。アメリカの三〇の州と九一の地方の制度は、すべての点で変わっていて、州のあいだの調整がない。

教職の社会的地位は、俸給体系と国家の年金の設立によって相当改善され、大多数の国々の教師たちが国家の公務員となっている。この国イギリスでは、教師たちは地方当局に雇われているので、公務員制度の特権を享受できない。実際のところ、多くの教師たちが「公務員」となることを好まず、「自由業」の仲間に留まりたがっている。大陸では、問題は歴史的伝統によって決定され、すべての教師たちは直接中央政府によって雇われるか、公務員制度に属する地方当局に雇われている。しかし、多くの私立学校があるので、公務員でない教師たちが相当多く存在している。両方の団体は、同じ専門職の教師の連盟に加入し、そのことが問題を曖昧にしがちになっている。これらの二つの団体の利益は同一ではなく、時には対立さえする。国立学校の教師たちは公務員であり、彼らは全体として国民のために重要な社会的奉仕を遂行している。また、私立学校の教師たちは、私的な個人か団体に雇われ、時には国民の他の団体に損害を与え、個人や団体の利益を進めている。もちろん、例外はあり、イギリスの多くのパブリックスクールは私的な性格にかかわらず、真に国民的なものとなるかもしれないし、立法により一定の条件が課せられなくてはならない。事実、この国イギリスでは国家が学校における教師の地位だけに関心を持ち、教師たちの報酬や個人的地位に関心を持たない。そのようなことは、教師の労働組合の仕事なのである。

大陸の国々では、国立学校のすべての教師たちは、国の教育機関の卒業生であるし、国の免許を持っている。それゆえ、資格のあるすべての教師たちは、自動的に何らかの国の教育機関に登録されているので、教師の登録の必要がない。アングロ・サクソンの国々では全く異なっており、様々な価値の資格を与える多くの私立の教育機関があるので、資格のある教師の登録のために何らかの中央当局が必要である。そのような国家登録が、一九二四年ニュージーランドにおいて、その年の教育修正法により制度化された。登録書類は教育長が保管し、公立学校に勤務するすべての教師たちはすでに自動的に登録されている。他のすべての教師たちも、正規の資格があれば、登録される権利がある。将来、教師は誰も登録なしに公立学校に雇用されるべきではない。イギリスにおいては、教師登録評議会によって実施されている教師たちの登録は、全く異なる。最初の評議会は、一八九九年に設けられたが、一九〇六年に廃止された。理由は、初等教育の教師たちが、初等学校と中・高等学校という二つの異なったグループに分けることに不満であったからである。現在の評議会は、一九一二年二月二九日に評議会における要求で組織された。会の構成員たちは、教師たちの専門の組合や研究機関から三年ごとに選出される。全国教員連盟と初等教育の教師たちの他の組合が一二名の構成員を選び、中等教育の教師たちと女性教師たちの組合が一〇名の構成員を選んで、また実技科目、音楽、体育、特殊教育の教師たちも一二名の委員を選び、イングランドとウェールズの一二の大学がそれぞれ一名の代表を選ぶのである。登録は、完全に任意のものであり、いかなる権威によっても命令されない。評議会は、こうした環境のなかで国によって創設された混成の組織であるが、立場の上では完全に自発的で、私的なものである。教師たちは、評議会が徐々にすべての職業のために、登録なしの指令をすべきでない中央機関に発展していくことを望んでいる。そのような発展が、現在の組織にとって可能であるかどうかは疑わしい。もし、いずれ評議会が国の役割を果たすならば、評議委員は国家によって資格が審査されない私立学校の教師たちによって選出されるべきではない。反対に、教師たちが評議会の自発的な性格を維持することを望むのであれば、評議会は全教員組合の中央機関として、そしてそのような影響力だけを持つものとして発展するべきであろう。ところで、我々はすでに教師たちの管理と政策決定への参加の問題を扱っているのである。

デューイは、民主主義は個人が自分自身の仕事の目的と条件を決定することに参加すべきことを意味すると述べている。この公式を教師たちに適用すれば、教師たちは何らかの意味で学校の管理と教育政策をまとめることに参加しなければならないことを意味する。教員組合の急進主義者たちは、とくにフランスの「労働組合主義者たち」は、国家の干渉から教師たちの完全な自治を要求さえする。彼らにとって、フランス民主主義は、党派的目的のために教育を犠牲にする政治家たちの専制政治なのである。しかし、フランスの「組合」は、フランスの教師たちの少数を代表しているにしても、彼らの急進的な見解は疑いなくフランスの中央集権の欠陥に原因している。教師たちは、決していつも政府の統治権を問題にしないのであって、彼らの唯一の要求は学校の全般的な運営における制限された程度での参加なのである。実際は、学校は確かに常に教師たちによって運営されてきたし、また教育政策はいつも専門家たち、すなわち教師たちによって決められてきた。しかし、これらの教師たちや専門家たちは、国家や地方当局に任命された者として行動したので、専門職の代表者として見なされなかった。教師たちが教育委員会の構成員として運営に参加することは、彼らの代表者たちの選出を意味している。「教師たちは、労働者と見なされず、むしろ労働者たち・生徒たちの指導者、師と見なされるがゆえに、運営問題を考える際に特に考慮に入れるべきである。」(『アメリカの教師たち』)と、彼らは述べている。

このことは、二つの方法で行うことができる。すなわち、教師たちが現在の行政機関の構成員の数人を選ぶべきか、あるいは彼らが行政機関によって相談される彼ら自身の教員評議会を作るべきかということである。参加の両方の形態は、戦後の立法において受け入れられている。八〇年代以来のフランスの立法は、諮問評議会における教師たちの選出された代表のための条項を含んでいたが、しかしこれらの評議会の権限は非常に制限され、教師たちの数が他の構成員たちとの割合いでは意味のないものである。このように、フランスの諮問委員会・「高等評議会」は、共和国大統領によって任命された九名の構成員たちと、大学や他の高等教育機関によって選出された約三〇名の構成員や、中等学校の校長たちや女性教師たちに選ばれた一〇名の構成員と、小学校の視学官や師範学校の校長たちによって選ばれた六名の構成員を持っているが、小学校の教師たちの代表は一名もいない。しかし、評議会の常任部門は九名の任命された委員たちと、選出された委員のなかから大臣によって選ばれた他の六名の委員たちから構成されている。権限は大変制限されているし、また大臣は評議会を全く無視することができる。「アカデミー評議会」(地方の評議会)と「初等教育評議会」(県か地区の評議会)は、同じ方法で組織されている。フランスの教師たちは、この何の権限もない指名された代表制に不満であり、事実上の参加を要求しているのである。

アメリカの事情は、州によって異なっている。最初の教員評議会は、一九〇八年に教師たち自身によって創設されたが、しかし多くの教育長が徐々に主導権を取り、諮問委員会としての教員評議会を設立した。一九一八年には、アメリカではすでに三四の教員評議会があり、その数はそれ以来増え続けた。構成員たちを選ぶ方法は、様々な州で異なる。代表者たちは、(一)一定の割合で教師たちの様々な団体の集会によって選出する、(二)各々の学校が一名の代表を選出する、(あるいは教師が一五名以上いる学校ではさらに多い)、あるいは(三)決められたそれぞれの地区が割り当てられた構成員たちの数を選出する、(四)教員組合がその代表者たちを送る、(五)代表者たちは選挙権のある教師全員に配られた投票用紙による全体選挙によって選出される等である。どれが最善の方法かは情況と地域性によるが、しかし教員評議会が州の機能を果たすために召集されるならば、組合が私立学校の教師を含むのと同様に、教員評議会は州によって雇われているすべての教師たちと、また彼られだけを代表する有志団体によっても選出されるべきではないのである。

戦後のドイツは、参加の両方の形態を経験している。プロイセンの市当局は、一九一八年一〇月一日布告による特別な教育行政機関を持っている。市長は、職権上の長であり、市参事会員たちから三名の構成員を任命し、町評議会がその評議会員たちから他の三名の構成員を選び、また有権者の名簿より二名から四名の構成員を選出する。これらの九名ないし一一名の構成員たちに、市立の学校のすべての教師たちによって選出された二名から四名の教師たちが加わる。同様の委員会が、田舎の地区でも組織される。ここには、地方行政における教師たちの直接参加が見られる。反対に、中央政府の行政機関には、教師たちの代表は一人もいない。しかし、教員評議会が州立学校の**すべての**教師たちと、私立学校でなく**むしろ**州立学校を代表しているという条件により、教師たちは地方や地区の教員評議会を形成してもよいのである。これらの条件により、教員評議会は、(一)

教育の全般的な問題について該当する政府の委員会に助言できる、(二)あらゆる性格の要望や請願を提出してよい、(三)学校の欠陥や不正を指摘してよい、(四)教育における特別な問題について相談する専門家を政府に要求してよい。しかしながら、ドイツ教員組合は、教師たちの代表者たちを含む政府の行政機関の組織化を要求している。幾つかの組合は、政府と教師たちの代表者の半々の割合の数さえ要求している。

同じような動きが、一九一四年の革命後のロシアにおいて展開された。教員組合は、中央と地方の教育委員会の半数の代表を要求した。ボリシェビキ時代前のロシア革命の立法は、教師たちの代表者に構成員の約三分の一だけを認めた。あとの三分の二は、地方(あるいは中央)当局と少数民族によって選出された。いかなる政府も、行政機関において半数以上の多くの席を教師たちの代表に認めることはほとんどありえない。その教師たちは、多数者が同意するであろう政策決定に、指導的役割を演じなければならない。しかし、政策決定と実行の役割は、住民から選ばれた代表と行政機関に委ねられるべきである。特別な場合、委員会は同じ原理によって形成される。

この国イギリスでは、そうした同じような委員会が、一つの問題だけに、すなわち教師たちの俸給と雇用の条件の解決のために組織された。一九一九年八月、国家的基盤で俸給問題の規則的で前進的な解決を保証するために、国家委員会ないしバーナム委員会[55]が設立された。地方当局と教員組合は同数の構成員によって選出され、また議長のバーナム卿は政府から任命された。地方教育当局は、同じ問題を考えるための当局自身の地方連合委員会を持っている。しかし、教師たちは、要求されれば他のすべてのことにも助言してよいが、教育委員会に代表を持っていない。幾つかの当局が教師たちの諮問委員会を設けたが、しかしそれらの委員会は教育委員会によってそれらの委員会に任されたことについてのみ報告する権限しか与えられていない。文部省の諮問委員会は、完全に政府の任命者によって構成されている。そうした諮問委員会は、当局と教師たちの具体的な協力を確実にするために、国や地方当局に雇われているすべての教師たちが選出した代表者を含むべきである。さらに、このような委員会は、委員会の考えを決定するあらゆる問題も報告する権限を持たなくてはならない。行政機関は、当然これらの委員会に一般的な政策のすべての問題についての意見を聞かなくてはならないし、またそれぞれの立法議会に報告を提出しなくてはならない。そのような委員会が設けられ、また教師たちのすべての団体の代表が保障されるならば、その時にアメリカやドイツに存在するような特別な教員評議会を設立する必要はなくなるであろう。教員たちは、それらの委員会の全構成員の三分の一以上を構成すべきではないし、他の三分の二は直接的か間接的に住民と住民の様々な団体の利益を最大限に代表していなければならないのである。

第九章　教育課程　教科書　教授法

教育課程、教科書、教授法の問題に及ぶと、我々は教育法規の考えられる限度に達する。教科書や教授法でさえ上から規定され、また教育課程の細部のすべてがリストとして作成されるならば、その時は教師や生徒たちによる個性の表現の範囲はなくなる。確かに、民主主義は、軍隊の兵舎の画一性のように、すべてにおいて強制的な画一性を意味するはずがない。しかし、多くの現代の国々の実際は、そうした方面の傾向を助長しているることを示し、教育における矛盾のない民主的な政策がどの程度両立できるかどうかという問題を提起している。ここでも他の場合と同様に、民主的な政策は個人の自由と社会的義務との総合であるべきである。国家は、国立学校の内的生命を規定するべきであるが、しかしそれを行うのに教師たちや生徒たちの個性を潰すべきではない。教室では、教師と生徒たちのために、国家の枠内で自由な行動が十分に許されなくてはならない。

一方では、中央当局と地方当局のあいだで、他方では個々の学校と教師たちや生徒たちとのあいだで、ある均衡が確立されなくてはならない。諸規則は、細部では中心から周辺へと増やすべきである。中央政府は一般的な原理だけを発表し、地方当局が地域の要求を付け加え、学校が個々の特徴を入念に仕上げなくてはならないのであり、また最終的な細目は教師たちと生徒たち自身に残されなければならない。こうした方法によってのみ、民主主義の目的、すなわちすべての者に等しい機会が達成されるのである。このような前置きの論評の後で、それぞれの問題を個別に取り扱わなければならない。

教育課程は、最も重要である。教育の歴史は、ある点で教育課程を統制するための争いの歴史である。学校の教育課程は教育の目的によって条件づけられる必要があり、教育の目的は国家や教会と職業や家族などの観点によって異なり、必然的にそれらの組織間の論争の対象となった。しかし、現在では統治権力としての国家は、相互理解や立法によって国立学校の教育課程に対する責務をもっぱら考えてきたが、ある国々において何らかの自由が存在するならば、それはいかなる場合でも撤回してよい自由の贈り物である。ここで、二つの伝統を区別しなくてはならない。すなわち、大陸の伝統とイギリスの伝統である。この場合、「アングロ・サクソン」の伝統と言うことはできない。なぜなら、アメリカとイギリスの自治領の実態はこの点に関して「大陸的」であるからであり、またイングランドとスコットランドは全く独立しているからである。国立学校のために細かく規定された教育課程の大陸的伝統は、プロイセンのフリードリヒ、オーストリアのヨーゼフ、ロシアのエカテリーナなどの、またフランスのナポレオンを加えてもよいが、開明的専制君主たちの政策にその起源を持っている。開明的な中央政府は、政府に最も必要とされる教科が何であるかを最もよく知っていると本当に信じていた。一八世紀では、多分それはある国々にとっては正しかったが、しかし二〇世紀ではそれが力説されるはずがない。大陸的伝統の最も極端な例は、ソビエト・ロシアにより提示される。モスクワから指示された教育課程や時間割表のみならず、すべての教科において一定の傾向が教師たちに要求されている。すべての事実とあらゆる思想は、マルクス主義の観点から述べられなければならず、異なった政治や哲学の学派に執着する教師たちや、全く明確なイデオロギーを持たない教師たちも、厳密に規定された公的な見解に従わなければならない。

他の大陸の国々も、ソビエトの実態とそれほど違ってはいない。全体主義のイタリアは、中等学校の下級の学年にはローマ・カトリックの傾向を持つ教育課程を、上級の学年にはヘーゲル主義の傾向のある教育課程を中央から指示している。ローマ・カトリックは、今やG・ジェンティーレによって導入された宗教教育が全体主義国家のための一手段にすぎないということを認識し始めている。ジェンティーレによる規定は、違った目的を求めているが、精神的にはソビエトの実際に非常に近い。ドイツとフランスの教育課程に関する立法も、その画一性においては同様である。両方の国では、教育課程は中央から指示され、政府のすべての変更はあらゆる政府の学校における教育課程が変わることを意味している。また、政治的傾向は、すべての教師たちに義務となっている。フランスでは、その傾向は共和制的で反カトリック的でなければならず、王制論者や敬虔なローマ・カトリック教徒は国立学校の教師にはなれない。戦前のドイツでは、その傾向は極めて明確にされていたし、戦後と革命後はより自由であるが、今日でさえあらゆる国立学校はプロテスタント、カトリック、ユダヤ、非宗教と宗派混合の学校に分けられている。最後の区分の宗派混合の学校だけは差別なく教師たちを受け入れ、他のすべての学校は宗派とイデオロギーに合った教師たちを任命している。教育課程は、すべての型の学校のために中央当局によって規定されているし、各々の型の学校は観点に応じた一定の傾向を持っている。両国において、監督下にある私立学校は、常に国立の学校の例に従っている。

アメリカ合衆国は、この点に関して大陸の伝統に従っているが、しかし連邦の文部大臣はいないし、中央集権化は個々の州よりもない。四八州のそれぞれは、ある程度教育課程の内容を制定する権限を行使している。しかし、実際には幅広い変化があり、ある州では規定の多いリストを定めつつあるが、他の州にはほとんどない。立法は、公立学校の教育課程だけでなく、私立や宗派の学校の教育課程にも同様に関係している。教育課程の法規で大変強い効力を持つ例として、ネブラスカ州の例を引用しよう。ネブラスカの立法府は、一九一九年に法令を成立させた。その第一条は、「外国語での教授は禁止される。私立や宗派の学校と学区や公立のいかなる学校においても、個人的にも教師としても、いかなる科目も誰も英語以外の言葉で教えてはならない」と述べている。第二条は、「英語以外の言語は、生徒が八学年に達し、修業した後に教えるのがよい」と述べている。他の多くの州も、同様な法律を制定した。ダーウィンの理論が立法により州立学校で禁止されていたデイトン市やテネシー州の有名な例は、教育課程について州の法規が拡大されたという制限の恰好の例を提供している。科学的真理が立法者の多数の票決によって判断されるとき、民主主義は中世の神権政治の変形以外の何物でもないし、またいわゆる「進化」は明らかに邪悪な軌道となるのである。

共産主義のロシアと全体主義のイタリアの両国は、明らかに反民主的であるので、考察から除外することができるが、しかしアメリカ合衆国やフランスやドイツ共和国のような国々は現代の民主主義国であり、多くの点で民主的な立法の例として役立っている。これらの国々の国立学校においても、実際に行われている思想の自由の侵害は非民主的であり、現代の民主主義がまだ最終目標に到達していないことを示している。科学と芸術の進歩は、研究と表現の自由によって条件づけられる。教師たちや生徒たちに個性を極限まで伸ばす十分な機会を与えることによってのみ、国家はこの目的を達成することができるのである。それは、国家が教育課程を規定せずに、教師たちに任せておくべきであるということを意味しない。しかし、国家の要求は、教室に様々な装飾の余地を残しておくような一般的な性格のものでなければならないのである。この点に関するイギリスの実態は、好ましいものである。

この国イギリスでは、教育課程の教科の詳細な参考資料は、法規において現在も作られていない。ある教科は文部省から要求されているが、リストはその権威を文部省の法的権力のどのような執行よりも、むしろ一般の合意から引き出している。文部省は、すべての小学校の教師たちに必要な能力の一部として認める知識を、ただ「教師たちへの提言」として公表するだけであり、文部省は教師の無批判な受け入れを要求しない。中等学校のための認可表の法規は、英語と文学、少なくとも一つの外国語、地理、歴史、数学、科学、絵画、唱歌、少年のための手工科、少女のための家庭科、体育、団体競技などの教育にとって十分な規定だけを求めている。しかし、細部と強調点は、完全に個々の学校や地方当局の手中にある。そうした政策の結果として、イギリスの個々の中等学校はそれぞれの特徴を持っていて、ある地方の要求や校長と教頭の個人的な見解を反映している。政府は、教授することの一般的な基準だけには関係するが、それを遂行する様々な方法には関係しない。中央政府の規則は、すべての範囲と地域で一般的に認められる要求のみを含むべきものであるし、それに各々の国の特別な国民的特徴として考えられるべきものを加えれば、それ以上のものは必要ないのである。州や地方当局は、地域の重要なことを要求として加えてもよいが、詳細な授業要綱や時間割の立案は完全に先生たちに任せるべきである。時間配分のある割合は、その点で自分たちの学校の教育課程に最後の手を触れるであろう生徒たちの自由な対応に残されるべきである。しかし、それらの細部は中央から指図されるべきではないし、先生たちの裁量に任されるべきである。

次の問題は、教科書の問題である。教科書に関する政策は、次の二分される問題を含んでいる。すなわち、(一)経済的な視点からの教科書の統一と(二)教育的な視点からの教科書の統一という問題である。経済的な視点からは、廉価な教科書が最も使用される教科書であるということである。政府が教科書を無料で配布しないのであれば、政府は市場での教科書の値段に関心を持たなければならない。このようにして、適切な値段の教科書を認可することによって、政府は家庭の付加的な消費を少なからず減らすことができるであろう。イギリスでは、小学校のすべての教科書は全生徒に無償で支給されている。スコットランドの三七の教育当局のうち、二〇がすべての生徒たちに無料で教科書を提供している。残りの一七の教育当局は、貧しい学童に無料で教科書を提供しているし、また三つの当局が英才児に教科書を無料で提供している一方で、他の二つの当局がある学年にある種の本(例えば読本)を提供している。

アメリカ合衆国の幾つかの州とソビエト・ロシアがさらに進んでいて、教科書の出版を独占している。この方法で、大蔵省の多額の出費なしで、中央政府が無料の教科書を発行している。一九二五年にアメリカ合衆国の二五の州が州規模で採用の統一制度を行った一方、残りの一七の州では教科書は地区の学校単位で選択されている。一九の州は、小学校のために無料の教科書を支給し、そのうち一五の州が無料教科書法を中学校にも同様に適用している。他の二三の州では、無料教科書法が認められている。ロシアでは、すべての教科書が一般民衆によって出版され、中央から地方当局に配給される。非常に安い教科書が望ましいが、否しかしそうした政策が無差別に求められると、悪い結果は避けられない。例えば、科学や地理の教科書が一般民衆によって出版されたならば、戦前の地理の例があったように、一年か二年のうちにそれらの教科書は古くなり、中央政府は大変な財政上の支出か、学校で古い教科書を使用するかの、どちらかを選ばなくてはならない。したがって、中央当局によるそのような教科書の統一的な出版は、めったに変更がない小学校のすべての学年で使われる授業資料に限ってのみ正当化される。それゆえ、読本、文法、代数のようなものだけが、国の教育水準を損なわないように国家に占有されてよいであろう。中等学校の教育課程は非常に多様であり、また様々な教科の教授法が大変早くに進歩するので、国家が中等学校の教科書を独占することは高等教育の沈滞を意味するであろう。教育的視点から、教科書市場の一定の規則は望ましいことである。ある権威によって教科書の比較や価値を考慮し、教師たち、特に若い教師たちの手引書としてそのリストが出版されるべきであろう。しかし、それらのリストは「禁書目録」と同様の性格のものであってはならないし、その使用は教師たち自身の判断に委ねられるべきである。国家独占は、必然的に他のすべての書物の禁止を導き、またそれゆえ教師たちに選択権を与えていない。ソビエト・ロシアの事例はそのようであり、またアメリカの州の場合は教科書を無料で支給している。

すでに述べたように、以上のような独占は小学校の第一学年ではほとんど害がないが、しかし中等学校では教師の主体性の全面的な排除となるであろう。フランスやイタリアやドイツでは国家独占はないが、教科書の厳格な中央の管理が行われている。フランスでは、すべての手続きが綿密に作られていて複雑である。どの地方でも認可された教科書のリストは、年一回の改定が課題となっている。この目的のために、すべての県の専任の教師たちは、小学校の視学官が議長である会議に年一回は集まり、そこで彼らは新しい教科書の追加と古い教科書の廃止を提案する。各提案は、理由と投票によって根拠づけられなければならない。これらの提言は、「大学区」の視学官に伝達される。地方委員会は、すべての県のリストを検討し、すべての地区のために決定する。委員会は、構成員として視学官たちや師範学校の校長や幹部たち、そして教師たちの指名者を含んでいる。是認されたリストは、大学区の総長に行き、彼がその事柄に賛成であればそこに残され、彼が不賛成であればすべての議事録が大臣に送られる。大臣は、高等評議会の常任部会にリストを提出し、その助言を受けて事の是非を決定する。同様の手続きが、禁止された教科書の場合もそれに従い、別のリストで発行され、それが事実上の「禁書目録」となる。禁止されたすべての教科書が、私立や公立の学校で発見されたならば、没収されたり、破棄される。共和主義のフランスは、この方法で君主制主義者やローマ・カトリックの伝統に対して、その体制を擁護している。

非常によく似た警戒が、一九二三年三月一一日の法律によって全体主義のイタリアで採択された。公的なリストに表示された教科書だけが、公立と私立の学校の両方において使用されてよいのである。承認を得るために教科書を申請しようとする著者たちは、前もって一五リラから一〇〇リラの税金を払わなければならない。公的なリストは、最近の例では文部大臣によって認可されている。プロイセンでは、同じような管理が行われているが、ただ私立学校はより自由があるという違いがある。一九二三年九月一五日の布告で、大臣は「中等学校では少年少女のために、私によって特に承認された教科書だけが使われてよい」と述べている。ただし、古典と辞書は例外であり、どの版が使用されてもよい。認可された本のリストは、ある専門家委員会の助言に基づいて、中央政府により出版されるべきであるということが望ましいが、しかしそのような義務づけられなくてはならないリストは、思想の自由や少数者の権利と両立しない。この点に関して、イギリスは全く独立している。なぜなら、アイルランドや他の自治領さえ大陸の実施に従っているからである。アイルランド自由州は、教育課程を規定したり、また新しい言語の教授を義務として導入していないが、しかし自ら教科書を出版している。カナダは、アメリカの例に従っている。イギリスのみが、教科書の競争に十分な自由を与えている反対の政策の実例である。多分、すべてに規則がないというよりは、ある種の規則があった方がよいであろうが、実情はイギリスの実際が望ましいものである。

最後の問題は、教授法の問題である。まず、ここには少なくとも教師の主体性の真の安全地帯があり、いかなる中央政府も特定の教授法を要求するほど厳格ではないであろうと思われる。不幸なことに、多くの国々の実際はこの示唆と矛盾している。また、ソビエト・ロシアを極端な例として引用しなければならない。ソビエトの公教育人民委員会は、特別な部局・国家科学評議会を持っている。その任務は新しい教授法を研究することであり、それが承認されるとロシア中に義務として導入される。非常に多数の学校が必要な準備を欠いていたし、また教師たちの大多数はその計画について少しも事前に知らされていなかったが、この方法でダルトン・プランが導入された。その結果が悲しむべきものであったことは、少しも不思議ではない。

同じ状態が、イタリアに存在する。イタリアでは、全体主義者の文部大臣G・ジェンティールが教師たちにある模範による個別的な教授法の導入を命令した。これらの例は、最も相応しい教授法も強制的に導入されると、いかに官僚的な手順に退化するかということを示している。教授法は、教師たちにより十分に受け入れられ、学校全体の雰囲気に一致するときにのみ、最も良い結果を達成するのである。そうでなく、教授法が上から強制されたり表面的に受け入れられると、教育的意味をすべて失うのである。教授法の選択を先生たちに任せているイギリスの実態をまた指摘しよう。文部省は、その「助言」で次のように述べている。すなわち、「実践の唯一の一律化は、文部省が公立小学校の授業で見たがっていることであるが、授業は各々の教師が自分自身で考えることであり、教師の力を最も有効に使い、学校の特別な要求や条件に最も適するような教授法を教師自身が自分で立案することである。実践の細部の一律化は、(学校運営の単なる手続きを除いて)たとえ達成されたとしても望ましいものではない」と。

第一〇章　大学

ドイツの哲学者P・ナトルプと、彼の後ではロシアのS・ヘッセン教授が、道徳教育の三つの段階を無規律、他律、自律として特徴づけた。家庭や幼稚園教育の就学前の期間は無規律の期間であり、その期間の教育は自由に基づき厳正な規則がない。それは、まだ遊戯といったものでしかない。初等教育や中等教育は他律の期間を構成し、その期間では教師の監督のもとで、また学校の規則に応じて、遊びは勉強となる。大学や他の機関での成人の教育は、自律の期間であり、学生の自己意識と自発的な努力に基づいている。それゆえ、学生は学校の厳格な規則から自由である。しかし、学生の自由は、科学的方法と知識の体系によって限定されている。すなわち、学生は専門家によって入念に作り上げられた一定の計画に従わなければならない。大学教育は、初等教育や中等教育とは別に設けられる特別な性格を持っていることが分かる。国家は、大学に対するその政策において、高等教育のこの特質を考慮しなければならない。大学教育の目的は、関連のある次の三つの異なった問題を解決することにある。すなわち、(一)科学のより一層の発展、(二)学究的な職業のための準備であり、(三)世間一般に知識を発信することである。この最初の課題を果たすために、大学はいかなる官僚的監督からも全く独立した特別な研究分野を持たなければならない。二番目の課題は、上級公務員のすべてが大学によって用意されるので、国家による監督が必要となる。また、大学はそのプログラムを国家の要求に適応させなければならない。大学の最後の課題は、労働組合や協同的な社会集団や他の集団の自発的な協同に基礎づけられるし、またそれゆえいかなる国家の規則からも自由であるべきである。最初と最後の問題が効果的に果たされるためには国家の奨励と援助が必要であるが、しかし方法や計画における国家の干渉は自由な研究を妨げるし、また公の講義に水を差すだけであろう。このように、大学の教育政策は、大学の研究のある部門で国家の監督と結びついた学問の自律性に基づいていなければならないことが分かる。不幸にも、ほとんどの大学の歴史は、この理想から遠かったことを示している。

さらに、大学に対する三つの典型的な政策を区別しよう。第一の政策は、無干渉と政府の監督からの大学の完全な自由と財政助成という政策である。しかし、歴史ではこの国家からの独立は、常に教会への依存と結びついていた。このように、中世のすべての大学は、世俗の政府と独立して聖職者当局により設立され、その授業は中世教会の教義によって厳格に縛られていた。宗教改革後でさえ、大学と英語圏の国々のカレッジは、国家から独立しつつも極めて宗派的なままに留まっていた。真に独立した大学を見出すには、アメリカの近代の私立大学を見なければならない。しかしながら、無干渉の政策はすべての英語圏の国々によっても断念されてきたし、また国家は新しい大学を設立するか、古い大学を引き継ぐかしてきたのである。

第二の政策は、厳格な監督といかなる自治も不在という政策である。そのような政策の例を、フランスとロシアが提供している。革命前のパリの古い大学と他の研究機関はフランス革命によって解体され、ナポレオンがそこに帝国大学という一般的な名称のもとに新しい研究機関を設立した。しかし、後者は単一の研究機関ではなく、多くの独立した専門的な学校から構成されていた。「大学」という古い名によって象徴的に代表された科学の統合は分解され、各研究機関がその固有の分野に携わっていた。同時に、古い自治は禁止され、教授たちは政府の意志によって任命されたり、免職される普通の公務員となった。フランスにおける制度のその後の変化は、ナポレオン的な「大学」の普遍的な性格に若干の修正をもたらした。現在は、以前と同様に、政府の事務官や公教育大臣の代表が管理し、高等研究機関の長や教授たちは共和国の大統領か大臣によって任命されている。

ソビエト・ロシアにおいては、同様の政策がその論理的目標に向けて遂行されている。古いロシアの大学もまた解体され、そこに専門的に独立した多くの研究機関が設立された。各研究機関は、国家に必要とされる数の限られた専門家作りにのみ携わっている。すべての研究機関の要綱は中央当局によって整えられ、マルクス主義の学説が公的な「信条」とされ、科学を含むすべての学問分野もそれに応じて教えられなければならないのである。何の科目を教えるにしても、すべての教授たちは任命される前にマルクス主義の学説の試験に合格しなければならない。試験は、志願者たちの科学的業績や資質に基づくよりも、政治的な従順さに基づいて中央当局によって遂行される。少しでも不従順な教授たちの場合は、何の査問もなく免職される。

全体主義のイタリアも、学部教授陣を持つ古いイタリアの大学を維持したけれども、同じ政策に従った。ヘーゲル主義者の文部大臣G・ジェンティーレは、国家に対する教授たちの関係を次のように定義している。すなわち、「科学者は教えることを強制されてはならない。科学者は、その良心の要求が政府の指令と反対であるならば、いかなる場合でもそうするのを止めてよい。しかしながら、科学的な問題を極めて明確に解明した者たちのみが教えるに価する。彼らの解明が政府の目的に一致しようがしまいが、政府は学校を維持して教育を進め、政府自身の目的のために政府自身の道徳を押し進める。科学者の原理が国家の原理と明らかに矛盾するならば、そのような原理を教えることは国家のために有害なものになるであろう。もし、国家がそうした危険を防がないのであれば、国家はその道徳的な使命を裏切ることになるであろう」(「レバナ」一九二三年一〇月)。

このような理論は、イタリアやロシアの両国で起こっているように、国家が政党と同一化されたときに、政治の実際では専制政治となる。この政策は、高等教育や研究の理念に矛盾するのである。すでに述べたように、成人の教育は自由な協同に基づくものであり、義務とされるべきはずのものではないし、科学者たちによる真理の探求は政府によって都合の良い目的へと導かれるべきではない。それは論理的な矛盾であり、また実際の政策として全く不可能である。科学者たちは、政府の政策の変化に関係なく真理を求めようとするか、あるいは真理に関係なく政府の命令を遂行しようとするかのどちらかである。第三の道は存在しない。政治的国家の枠組みのなかで、このある種の科学的に独立した国家の必要性が、一八世紀のドイツで認められた。

教える自由という原理の最初の実際的な適用は、ハレ大学(一六九四年創立)、続いてゲッチンゲン大学(一七三〇年創立)やイエナ大学に見られる。しかし、一八世紀にこれらの自由は、しばしば専制的な小諸侯たちによって撤廃された。ただ、フランス革命とナポレオン戦争の後、シュタイン[56]やハルデンベルク[57]やフンボルトによって自由な理念がプロイセンの改革のなかに具体化されたとき、ドイツの大学は研究と教授の独立を成功裡に要求することができたのである。フランス革命は、コンドルセの有名な計画において、そのような理念に新しい刺激を与えた。コンドルセは、政治的な国家のなかで独立した教育の国家を具体的に提案した。彼の構想によると、全教育制度の頂点に国立学術協会が位置し、構成員の席は投票権のある協会の構成員の自由で独立した選挙によって充足されなければならないのである。全員が科学者か教育家である協会の構成は、コンドルセの科学の区分により四つの部門に分けられている。各々の部門は、投票数の多さによってフランスのすべての高等研究科における各々の科目の教授を任命する。政治的な政府はいかなることにも何も言えず、ただ世論だけが学部を統制する。しかしながら、この計画は実施されなかったし、現代の民主的な国家もそれほどの特権を一つの職業に認めるかどうかは疑わしい。

国家は、大学の財政援助の主要な財源があるので、その要求への履行を分配するということで統制の確保を欲している。それゆえ、民主的な解決は、中央政府の何らかの統制と結びついた大学の自治ということになる。この統制は、ただ財産の管理と国当局によって認められた免許の試験だけに関するものでなければならない。大学の内的生命である講義要綱や研究と取得学位は、完全に大学当局の手に任されねばならないし、いかなる場合も国家や政府がそれらに干渉してはならないのである。こうした原理の実際的な適用を述べるなかで、(一)ドイツ的、(二)アメリカ的、(三)イギリス的、という大学管理の三つの型を区別すべきであろう。大学管理の他のあらゆる形態は非民主的であるか、あるいはこれらの三つと同じ形態である。すでに述べたように、ドイツの大学管理の制度は一八世紀に発展し、一九世紀に完全に確定した。それはドイツ語圏の国々(オーストリアやスイスを含む)だけでなく、ライン河東岸のヨーロッパのあらゆる国でも幾らかの変更がなされて採用された。ドイツ語圏の多くの大学は、固有の制度と形態を持っているが、主な特徴はすべて共通である。

ドイツの大学の運営は、総長と評議員会に委託されている。総長は毎回ごとに教授(正教授)たちから選出される。投票権は大学のすべての教師たちにある。教授たちは直接投票するのであるが、しかし助教授や講師(私講師)は彼らの選出した各学部一名、一〇名以上の学部は二名の代表が投票する。革命前は教授たちのみが総長選挙に参加していた。しかし、選ばれた候補者は、総長の職に就くために州の文部大臣の承認を必要とする。ただ、非常に稀ではあるが、大臣は合法的に処理された選挙の承認を与えない事例がある。総長は行政上の長であり、大学の立法議会は評議員会である。革命前には、評議員会は教授たちか教授たちの代表のみで構成されていた。革命後は、助教授と講師の代表が含まれ、ある場合には学生の代表と事務職員たちさえ含まれていた。評議員会は、大学で最も権威があるが、しかしその権限の多くを学部に委任している。各学部は、その教授陣から学部長を選出し、また二つの学部の会議を持っている。第一のものは、「狭義の学部」と言われるものであり、教授たちのみから構成されていて、そこには空席の候補者を選ぶ権限が属し、また講義と教授たちのあいだの職務を割り当てる。いわゆる「広義の学部」は、各々の学部のすべての教師たちから成り、一年に数回だけ開かれ、諮問的な権限を持っている。「狭義の学部」は、与えられている大臣の席に対して有能な候補者として三人を選出する。大臣は、通常は第一の者を選ぶが、しかし常に第一の者を選ばなくてもよいし、提示された候補者たちのうちの誰をも選ばなくてもよい。稀には、部外者を選ぶことがあり、そうした場合は常に大学からの強い抗議の対象となる。

教授は、ひとたび大学教授の職に任命されると、実際には独立し、どの科目を講義してもよいし、自分の好む方法で教えてよい。起こり得る専門外の科目を教えるという唐突さを抑制する唯一のものは、自分を愚かにしない意志であり、その他の点ではどのような科目もいかなる理論を教えても自由である。戦争前、政府はマルクス主義の学説の信奉者であった「博士たち」を任命しなかったし、その理由で認められた教師たちから教える権利を政府が奪った例もあった。しかし、革命以来そうした例はもはや起こらず、社会主義者たちも他の教師たちのすべてと同様にその業績によって受け入れられた。今日、教える自由「教授の自由」の理想は現実のものとなり、ドイツの教授たちは彼らの自治を十分に享受している。卒業（進級）の条件は学部によって綿密に作られ、学位は国家の承認と何も結びつかない。しかし、政府のどこかの部局で何らかの地位のための資格を得るには、特別な国家試験が設けられ、政府によって任命された教授たちや審査官たちによって執り行われる。唯一の例外は、公務員である大学の教授たち自身が何の国家試験にも合格していないということであり、彼らは修得した学位の業績と資質だけで選ばれていることである。ドイツの制度は、大変成功していることが証明されたし、ドイツにおける研究と科学の発展を促進した。大陸の他の国々は、多かれ少なかれドイツの例を模倣し、アングロ・サクソンの大学でさえドイツの理論や実践によって非常に影響されたのである。

アメリカでは、最初の大学、むしろカレッジが、オックスフォード大学とケンブリッジ大学の形態を模倣して州から独立していた。一六九三年に特別に許可され、最初の州立の「ウィリアム・メアリー・カレッジ」が、同名の主権者によってバージニア州に設立された。同カレッジは、植民地時代の唯一の州立のカレッジであった。アメリカの独立は、高等教育に新たな関心をもたらし、幾つかの州立大学が設立された。すなわち、ワシントン・カレッジ(一七八二年)、ノース・カロライナ大学(一七八九年)、バーモント大学(一七九一年)、テネシー大学(一七九四年)などである。一九世紀には、この政策はすべての州が州の研究機関を備えるまで続けられた。一八〇〇年から一八二〇年の期間に、六つの新しい州立大学が設立され、一八二〇年から一八五〇年のあいだには八つの州立大学が設立された。一九世紀の後半の五〇年間に新しい研究機関が州や市、教会や私的団体の活動によって、次から次に成立した。現在は、大学院や多くの学部を持った第一級の大学が三四あり、認可された一九の工科大学と、水準が認められている一六六のカレッジや大学がある。

アメリカのすべて大学やカレッジは、主に三つの群に分けられるであろう。すなわち、(一)州によって設立され維持されている州立の大学(市立大学を含む)、(二)様々な教会によって所有されているか私的団体に管理されている私立の大学、(三)州と個人的な篤志家の連携により維持・管理されている準州立の大学である。アメリカの大学の運営は、私的性格や公的性格にかかわらず、一つのモデルの上に基礎づけられている。通常、評議会の委員たちは、私立大学の場合は個人の寄付者か特定の教会によって任命され、州立大学の場合は知事か州議会によって任命されている。評議員会は、学長と学部の構成員を選び、規則を公にして資金を受け、時には教育政策の展開を決定する。大学の実際的な管理者は学長であり、学長はほとんど独裁的な力を持っている。学長は、教授たちを含む全教員の任命と罷免を決定する代理人である。学長は、大学の活動のどこを充実し、どこを制限するかを決定する。この大学の学長の地位は、他の国々には相当する部分がなく、アメリカが純粋に創造したものである。専制的なプロイセンが高等教育の分野で民主主義を確立したのに対し、民主的なアメリカがある種の開明専制主義を、時には不幸にも開明的でさえない専制主義を創造したことは不思議である。現状の事態に対する不満が、アメリカの教授たちのあいだに非常に幅広く生じているので、改革は差し迫っている。ドイツと比べて、アメリカの制度の利点は、次の点にある。(一)学長はドイツの総長より長い期間選ばれる。(二)学長として強い個性のよく知られた人物が、通常選ばれるが、一方ドイツではほとんどすべての教授たちが順番で総長として勤め、卓越した総長でさえも年限の終わりには引退しなければならない。(三)アメリカの大学の学長はドイツの総長より主導権を持ち、また外部の世界に密接に関わっている。しかし、大学の高度の学問と研究の発展を一人の人物の性格と時々の思いつきに大変依存するような利点よりも、不利な点が凌駕している。ともかく、職席の任命や免職は、一人の人物の意志にまったく完全に依存するべきではないし、公平でなくてはならない。この点に関し、ドイツの実態が望ましい。

アングロ・サクソンのすべての国々に共通であるアメリカの大学の一つの特色は、ドイツの大学によって模倣されるべきである。すなわち、大学の同窓会や卒業生の経営における参加である。幾つかの事例では、彼らが評議会の構成員の半数を選び、またその方法で学長選挙や全般の方策の方向に影響を与えている。しかし、非常に独断的な学長たちがいるにもかかわらず、アメリカではドイツのように学問はまったく同じ特権を享受している。学問の自由についての一般的な報告が一九一五年アメリカの教授たちによって発表され、望ましい例を提起している。すなわち、「真理の探求に熟練し、奉仕する人たちの結論を意味するものは、事実そうした人たちの結論であるべきであるし、また大学に寄付したり、大学を管理する素人の大衆や個人の意見の反映であってはならないということが、全般的に社会の利益に非常に必要なのである」と。圧倒的な民主主義と熱狂的な世論の存在も、また教授たちの真の自由に関する深刻な障害の構成要素となるかもしれない。「そうした専制から犯されない保護が、大学に設けられるべきである。大学は、知的実験の場所であるべきであり、大学では新しい思想が芽生え、その果実は共同体にとって概して美味ではないけれども、たぶん最後まで実ることが許されるであろうし、それは国民や世界が享受できる知的な食べ物の一部となるかもしれないのである」。

イギリスでは、国家が大学を設立しなかったし、一九世紀の二五年間まで助成をしなかった。しかしながら、中央政府の補助金が大学の予算の主な項目となった。二つの古い大学でさえ、大蔵省から多額の補助金を受けている。現在、イギリスのすべての大学は、例外なく国の大学と評せるであろう。一九二六年から一九二七年のイギリスの大学（アイルランドを除く）の収入は、次の財源（パーセント）から出ている。すなわち、(一)基金一三・四、(二)寄付二・二、(三)地方当局の補助金一〇・五、(四)議会の補助金三六・九、(五)授業料二二・五、(六)試験料と登録料やその他の手数料七・九、(七)その他の収入六・六である。私的な財源は僅か一五・六パーセントだけで、他は国から(地方当局も含む)四七・四パーセント、学生納付金が三〇・四パーセントとなっている。イギリスの大学は、国家的性格にもかかわらず、政府の統制からほとんど自由である。各大学は独自の規則を持っているが、規則はオックスフォードとケンブリッジの場合を除いて大変似ている。例として、ロンドン大学を取り上げてみよう。行政と立法の権限は、評議員会の手に統合されている。すなわち、第一九条「評議員会は、大学の最高の統治・行政体でなければならず……大学の完全な運営と、事件や関連事項と財産の監督を行う」。評議員会の権限を制限する唯一の条件は、宗教的な試問に関わることである。すなわち、「(二)宗教的な試問は、どのようなものでも取り上げられるべきではなく、いかなる評議員会によっても課せられるべきではない……また大学の志願者は、宗教的な見解の理由によって不利なことがあってはならない」のである。評議員会は、政府や地方当局、カレッジや大学の教師たちと多くの学識団体や大学の卒業生たちの代表によって構成されている。総数五四名の評議員たちから政府が（議会で国王が）四名の評議員だけを任命し、地方当局（ロンドン市議会やロンドン市）が三名だけを任命する。このように、国の代表の総数は七名であるが、一方で卒業生が一六名の評議員を選出し、教授が二〇名（学部による一六名とカレッジによる四名）の評議員を選出する。残りの評議員は、学識団体の代表たちである。政府や地方当局の影響力は代表たちの数によるよりも道徳的基盤に基づいている、ということが明白である。外的事項における大学の代表として総長が卒業生たちの集会によって選ばれるが、その地位はアメリカの学長職やドイツの総長職とは決して同じものではない。総長は、何らかの名声のある公的な人物であり、同じ町に住んでさえいないし、それゆえ滅多に評議員の会合に出席しない。代理の議長は、通常は評議員によって一年任期で選ばれた副総長である。大学の管理の仕事は、設けられた三つの委員会に分けられる。すなわち、（一）大学教授たちの代表からなる大学内のための学術委員会、（二）主に卒業生たちの代表からなる外部の学生たちのための委員会、（三）評議員会によって選出された大学教育の拡充を促進するための委員会である。評議員会は、すべての問題に関する最高権威であるが、しかしその範囲に属することは何でも処理する前に、適切な常任委員会の報告を常に求めて聞く。大学の教師たちは、この方法で教授の任命や研究の水準といったあらゆる問題において、真の自治を享受している。実際に、教える自由は制限されず、また政府や地方当局は決して大学の内的生命に干渉しない。ただ教育学部の場合だけ、文部省が免許の認可のために明確な講義要綱について勧告している。

スコットランドの大学には、入学した学生によって選ばれる大学の総長という補助的な地位がある。総長の職務は、大学の法廷の裁判長である。通常、影響力のある公的な人物が選ばれ、時には外国人である場合さえある。イングランドの総長も、スコットランドの総長も名誉職に従事し、大学のことには事実上の権限や影響力を持たない。しかし、彼らは大学の外やさらに外国への代表として、重要な役割を演じる。スコットランドの大学だけが、学部学生に総長選挙の投票権を与えている。他のすべての大学では、総長は大学院生や教師たちの双方によって選ばれている。学部学生は、スコットランドの大学でさえ、実際的には運営について影響力を持っていない。なぜなら、彼らの代表が学部学生たち自身ではないし、大学全体の総長として選ばれ、学生たちの代理人ではないからである。

運営において学生たち自身に発言権を与えているソビエト・ロシアの実際は、ソビエト政府が学生の発言権を非常に僅かな問題だけに制限しなければならなかったという、否定的な結果となった。学生たちに彼らの教師たちを批判する権利を同じ条件で与えることは、まったく賢明ではないように思われる。幾つかのドイツの大学は、評議員会の席に学生たちの代表の参加を許したが、しかしそれは学生たちの規則や団体に関する問題の場合のみであった。他のあらゆる問題は、学生たちの代表が不参加のもとで決定される。この実際は、運営における学生たちの参加を極端に制限しているように思われる。すなわち、学生たちに計画を公表させたり、また大学の具体的な管理に影響を与えることを許すことは、高等教育を没落の裡に終わらせることになるであろうからである。

第一一章　教育財政

教育は費用がかかるし、また良い教育は大変高価なものである。問題は、誰がそれを支払うかというところに生じる。この問いについての明確な解答がなくては、すべての教育改革は無益なものとなる。教育の民主的な制度は、民主的な財政政策に基づいていなければならない。しかし、何が最も首尾一貫した民主的な財政政策なのかを解明することは、それほど容易なことではないし、また問題の様々な解決には詳細な検討が要求される。この章では、そのような問題を概観する。

問題の第一の解決は、財政負担を関係する家族に課すことである。どの家族もその子どもたちの教育のために経費を支払っている。国家は、教育を組織し、学校や教師たちを整え、親から相応の授業料を請求している。この解決は、非民主的で、非教育的であることが明白である。なぜなら、それでは貧しい階層がその子どもたちを十分に教育できないばかりか、高等教育は不適当な生徒たちばかりで満たされてしまうし、支払い能力によって高等教育が受けられることになるからである。国家は、一般的に教育の全費用を請求しないし、授業料から得られた金銭を大蔵省の助成金によって補填する。その結果、上流階級の子どもたちは国家費用によって教育されるが、一方で貧しい階層の子どもたちは授業料を払えず、そのために授業料による同様の特典を享受することから閉め出されている。授業料は、まだ標準的な労働者の家庭には高すぎるのである。

今では、初等教育はすべての者に無償で自由に与えられなければならないし、また授業料は初等教育の後の学校のみに課すということが一般的に認められている。しかしながら、進歩的な思想は、同様に無償の中等教育を要求し、またそのことで有益で可能性のあるすべての者のための無償の高等教育さえ要求している。すでに存在する無償の初等教育と、将来の無償の中等教育のあいだには、根本的な原理の違いはないのである。四年間の義務年齢の延長は、何ら新しい原理の導入を意味するわけではない。幾つかの正当性を持つ無償の中等教育に対する議論は、関係国がそうした贅沢をする余裕がないということである。明らかに、ある国々はそのような財政上の債務の急激な増加ができないし、先進的な文化国家もそうした状態にない。

アメリカ合衆国は、無償の中等教育や高等教育を州の施設ですでに導入している。他の国々も、同じ目的に非常に急速に近づきつつあり、間もなくすべての者に無償の中等教育の提供が国家の義務として、一般的に認められる日が到来するであろう。それゆえ、授業料が少しも問題の解決とはならないのである。寄贈や寄付についても、同じことが言える。そうしたものは、ある集団や宗教団体の教育を助けることができるが、国家的な問題に対処するには全く不十分である。外からの財源がないのならば、主な財源は国税と地方税である。無償の教育は、現在も将来も税金によって維持されるであろうが、問題は国民に課税する方法は何が最善であるか、また何が補助金を配分する最も良い方法であるのかということである。

複雑で詳細な直接的・間接的な課税を論じることが目的ではない。この関連において、独立した学校税の問題だけに触れよう。画一的な課税を行い、その割り当てによって教育の援助を維持することと、あるいは他の自治体の援助から独立して特別な学校税を徴収することと、どちらが良いのであろうか。すべての者に有益である一般的な課税の利点は多い。中央政府や地方政府は、その予算案を用意する際に必要性と財力によって様々な援助を調整することができる。教育制度の発展は、国家の総合的な豊かさによるもので、特別な税金とは結び付けられない。特別な学校税は、他の目的税よりもより一般的である唯一の利点を持っているが、しかしどの特別税よりも特殊である不利な点も持っている。学校税は、例えばイギリスの「ウイスキー税」のような収入や、アメリカの「小麦税」のような総収入の特定の形態で徴収される。第一の事例、間接課税の事例では、学校予算がある物品の消費に依存していて、常に正確に見積もることはできない。第二の事例では、学校予算が国民の収入の変化に依存し、教育上の必要なものによってではなく、年収に反映するであろう。

アメリカでは、学校税が現在でさえ普及していて、幾つかの州は特別税による短所をなくすように努めている。法律は、明確な税の割合を定める代わりに、州がその教育の義務を果たすことができるのに十分な州の小麦所得税を徴収することを規定している。この修正は、年収ではなく必要な学校の経費に関係するので、一般的な課税の方法とそれほど異なってはいない。ヨーロッパでは、特別な学校税は一般的ではなく、教育費は常に一般財源から編成される予算に基づいている。ほとんどすべての国々では、文部省は消費の部局であり、独自の収入がない。アメリカの州と自治体は、この点では例外である。文部部局は、国民に必要なものを公表し、概算を提出しなければならないし、また支出をまかなう財源を見つけ出すことを州議会の議員たちに任せておいてはいけない。しかし、概算が州議会で認められたならば、変動のある学校税に依存するべきではない。概算化された経費を一般財源の支出でまかなうか、毎年別の税金の徴収によってまかなうかは、単なる便宜上の問題なのである。

第二の問題は、地方自治体とのあいだでどのような財政負担を配分するかということである。すなわち、地方当局が地方の学校を維持するために財源を集めるのか、あるいは割り当ての何らかの原理に従って大蔵省から財源を配分するかということである。アメリカは、配分の方法に最大の変化を与えている。アメリカの四九の州(コロンビア特別行政区を含む)は、四九の制度を持っている。財政負担の配分には、典型的な三つの形態がある。すなわち、第一のものは、中央からの補助金が少しもなく、地方で必要な財源を集めるものである。第二のものは中央からあらゆる費用を配分するものであり、第三のものは両方を兼ね合わせるものであって、負担が地方当局と中央当局に分けられる。地方だけの学校の支援は、アメリカの幾つかの州にのみ復活している。ヨーロッパのすべての国々では、中央政府が教育支出の相当額を分かち合っている。しかし、アメリカの幾つかの州では、人々はあらゆる不利な点を有するそうした小さい単位の学区を根強く残している。教育の機会の不平等から生じる結果は、極端に非民主的である。郡が課税の単位として考えられている州では、状態はまだ良い。しかし、郡でさえ教育の機会の真の平等化を達成するにはあまりに小さすぎる。不平等は、次の二つの主な要因の結果である。すなわち、(一)学齢児の保護者の各々の能力や税負担の違いであり、(二)地方の努力と徴収された学校税の割合の違いである。例えば、ある郡は学齢児の保護者各々が一〇〇ポンドを持っていて、他の郡では一〇ポンドしかなかったとすると、後者の郡が前者の郡の児童一人当たりと同じ割合で使うには、学校税を一〇倍の割合で徴収しなければならないことになる。概して、開けた豊かな郡は、遅れた貧しい郡よりも教育にもっと多くの金を使う。州からの援助がなくては、教育の機会均等は達成できないことが明らかである。この教育の機会均等の目的は、財政政策の完全な中央集権化か、あるいは教育の目的のために地方税と中央税を結び付けることによって達成できるのである。

財政の完全な中央集権化は、ヨーロッパでは実際には少しも存在しなかった。中央集権の古典的な模範であるフランスでさえ、地方の自治体が学校の維持に関与している。しかしながら、南半球では三つの自治領が中央集権的な財政政策を制度化した。すなわち、オーストラリアやニュージーランドや南アフリカも、地方当局が教育支出に関与しておらず、すべての公立学校は中央の財源によって維持されている。オーストラリアでは、六つの州のそれぞれが中央当局であるが、教育施設を維持する連邦の財源がないので、オーストラリアを完全な中央集権の事例として取り上げることはできない。しかし、ニュージーランドと南アフリカは、財政の極端な中央集権化を呈している。すなわち、異なる伝統や言語と住民を持っている四つの州がある南アフリカは、特にそう言えるのである。南アフリカ連邦は、統合された収入財源を持っていて、それから四つの州の教育費用が支払われる。各々の州の公教育局は、個々の学校に支出の配分をするだけである。このように、地方当局と州部局でさえ、学校の維持に関与していない。こうした財政全体の中央集権化の政策は、地域社会や州から子どもたちを教育する責任を解消する傾向にあり、また地方の学校における関心や誇りを減少させることになる。それは、南アフリカやニュージーランドが二〇〇万人を超えない白人だけなので、そうした政策が可能なのである。数千万人もの人口があって、強力な地域の伝統のあるヨーロッパの国々ではどこでも、そうした中央集権化は不可能である。実際的な政策として、教育制度を維持するのには、地方と中央との努力の連携が残されているのである。

地方当局と中央当局のあいだの教育経費の分担は、予算項目のそれぞれの重要性に基づかなければならない。そうした教育施設や一般予算のそれらの項目は、国家的な重要性を有し、大蔵省による一般課税から維持されなければならない。すなわち、地方の施設や狭い地方で有用性を持つ項目は、地方税で維持されるべきなのである。しかし、全体としての教育は、国家の大変重要な事項なのであり、それゆえすべての制度は国税によって維持されなければならないと言える。それは、ただある条件によってのみ真実である。国民は、各々の子どもに教育の一定の水準を獲得させなければならないことや、また教育が健全で教育学的な一定の条件のもとで与えられなければならないことに、関心を持っている。しかし、そのような水準は、超えていようと高かろうと地方の利益であり、地方にとって重要なことなのである。ある地方が、国家によって受け入れられている一般的な水準を超えて、方言や地方史の学習を進めることを望むのであれば、地方は独自の財源からそのための支出をしなければならない。あるいは、ある町が高価な校舎を建てようと望むのであれば、国はその余分の費用を国の財源から支出する義務はない。実際には、地方の項目と国の重要事項とのあいだに明確な線を引くことは、明らかに困難である。それゆえ、多くの国々の具体的な立法は、多かれ少なかれ任意に財政負担の配分を行っている。財源配分について、アメリカのすべての方法を述べるには十分な紙幅がないが、ここではアメリカの財政制度の主な特徴だけを述べておこう。

学校に通う子どもたちの割合が地方にとっては非常に変動するので、全住民に基づく古い財源配分の方法は、現在のアメリカでは採用されていない。幾つかの州は、代わりに学齢児調査の基数を採用している。しかし、それはアメリカの条件に特有な幾つかの短所を持っている。就学義務法が施行され、またすべての学校が公立であったならば、それは学齢児調査の基数が明らかに理想的なものとなるであろう。しかし、そのような二つの条件はどこにもないので、特にアメリカでは中央の財源のそのような配分が大変不公平である。例えば、豊かな自治体は多くの私立学校を持ち、またその公立学校は全学齢児調査の六〇パーセントに亘るだけであると言われている。隣の貧しい自治体は、少しも私立学校を持たないのに、この異なる二つの自治体は登録されたすべての子どものために、同額の予算を受け取っている。一番目の豊かな自治体の公立学校は、こうした方法で二番目の貧しい自治体よりも良い設備と職員を整えることができるであろう。就学義務の実施の程度の相違も、同じ結果が続いて起こるであろう。こうした財源の配分は、子どもたちの登録を促進するが、しかし彼らの就学を促進するものではない。

この欠陥を避けるために、幾つかの州は、財源の配分の基数として就学率を採用した。この方法は、前の方法よりもずっと良いが、しかしこれもまた田舎の自治体と産業的な自治体とが混在する郡では避けられない幾つかの短所を持っている。学校に教師一人と生徒二人しかいない小さな田舎の自治体は、就学率が非常に僅かなので、教師の給料でさえ十分に得ることができないであろう。反対に、大きな都市の多数の教師と数千の生徒がいる学校では、就学率の基数は学校が必要なあらゆるものに十分な予算をもたらすであろう。中央の財源の配分を公平に変えるには、生徒の数と同様に教師の数が考慮されなければならないということが明らかである。すべての教師たちは、おおよそ同じ仕事をしているし、クラスの生徒たちの数にかかわらず、国への価値のある奉仕を遂行しているのであるから、すべての教師たちは国家の財源から最低限の給料が保証されなければならないのである。アメリカの幾つかの州は、この事実を認め、基数として教師数を採り、また就学率に応じて補助金を加算する配分の併合的な制度を導入した。アメリカで実践の長期の発展の結果であったものが、ヨーロッパでは方針として最初から設けられていた。なぜなら、国家は教師を公僕とみなしたからである。大陸のほとんどすべての国々は、教師への給料や恩給にある最低限を保証することによって、国家が教育に財源を支出し始めた。

現在、一般的に行われている大陸の実際は、以下の方針のように国と地方自治体のあいだで財政負担を分けている。すなわち、国家は高等教育の施設を維持し、中等学校の大多数は完全に大蔵省が維持し、中等学校の少数と小学校では国家が教師たちの俸給を支払う。また、自治体は、校舎を維持し、地方税から通常の経費を支出するのである。例えば、フランスの一八八九年の法律によると、小学校を維持するための負担は、県(地方)と自治体(地方の村や都市)に分けられている。すなわち、国家がすべての公立小学校や高等小学校と師範学校の教師や視学官の俸給を払っている。県は、師範学校の建物や視学官職を維持し、また小学校の職業的な科目(農業、工業、商業)の経費をまかなう。自治体は、小学校の建物を維持し、学校の暖房と清掃や設備の経費を支払うのである。

ドイツにおいては、「州」の大多数が同じ方針で財政負担を分かち合っている。バイエルン、ザクセン、ヴュルテンベルク、ヘッセン、バーデンでは、州が教師の俸給を支払い、地方当局が校舎を維持する。チューリンゲンでは、州が給料の一〇分の七を支払い、地方当局が一〇分の三を支払う。プロイセンだけは財政の古い地方分権が残っていて、俸給は学区から支払われるけれども、給与額の大部分が払い戻される、中央の国家財源が存在する。ロシアでは、ボルシエビキ革命の前は、中央政府が教師と生徒を併せた基数によって補助金を地方当局へ配分し、また中央政府は特別な国家の建築基金を持っていた。現在、ソビエト連邦のどの共和国も教育の問題では独立し、制度は国によって異なっている。イタリアでは、地方自治体が教師に少ない基本額を支払い、残りは国家的規模で国により支給されていて、地方の分担額(八〇〇リラ)は全体の約一〇分一である。大陸の他の国々も、また中央の財源の配分に教師の基数を採用しているのである。

イギリスは、他の多くの点と同じように、この点で例外を形成し、独自の補助金制度を持っている。初等教育のための地方当局への独立補助金に関する規程は、次の補助金の計算の方式に従うことを課している。すなわち、(一)公立小学校に就学率のそれぞれの単位に三六シリング、(二)教師の俸給の五分の三、(三)特別職務に経費の正味の二分の一、(四)初等教育の残りの経費の正味五分の一(七ペニーの出来高率よりも少ない)というものである。補助金の最大限度は、初等教育の正味経費の三分の二であり、また最低限度は正味経費の二分の一である。高等教育に関しては、地方当局は正味経費の二分の一を受けている。三つの主な基数が、補助金の計算で採用される。すなわち、就学率と教師の俸給と区域の評価値である。就学率の基数は、これまで見てきたように、学齢児調査や全住民の基数に基づくよりも一層好ましいし、学校に規則的な就学を奨励させ、私立学校から別個に公立学校を発展させる。どの教師も一定最低限度の俸給が保証されなければならないので、教師の俸給の基数は補助金の計算のなかで取り扱われなければならない。多分、すべての公認の教師に対し一定の基本総額を助成するスコットランドの方法は、規模によって変わる当局の俸給の五分の三を助成するイングランドの方法よりも好ましい。七ペニーの出来高率の控除は、貧しい区域と豊かな区域との平等化のために設けられた。この点に関する初等教育のための補助金は、高等教育のための補助金よりずっと公平な基数に基づく分配である。貧しい区域が、中等学校を設立するための必要な財源を持っていなければ、その区域はその目的で大蔵省から補助金を受けることができない。しかし、例えば豊かな地区が一〇校の中等学校を建てたならば、政府は全経費の半額を支給するのである。このグループのすべての中等学校は、地方当局の制度のなかに含まれていることに同意しないので、寄付による中央の公立学校や多くの私立の中等学校は文部省から直接補助金を受けているのである。政府は、このような方法で国のそうしたグループや、それに中等教育が完成した実績と伝統のある地区と、またほとんどないか、あったとしても少ししかない田舎の自治体に中等教育の設立を促進している。初等教育のための補助金がより必要な地区に強力に助成されるならば、民主的な原理に基づいていると言えるし、中等学校への補助金の配分は貴族的制度と言われるかもしれない。

この点に関して、スコットランドは、大学のみが一般的な補助金制度から除かれ、イングランドの大学とともに別のグループに含まれているので、より首尾一貫した民主的な政策を行っている。スコットランドでは、小学校であろうと中等学校であろうと、すべての学校が同じ基数で補助金を受けている。スコットランドの制度も、イングランドの制度のように同じ三つの方法を使用している。すなわち、(一)生徒数、(二)教員数、(三)区域の評価値である。しかし、就学率を算定する代わりに、登録された生徒の数の基準が基数とされ、また不満足な条件の場合のみに就学率が考慮される。また、教師の場合、スコットランドの方法は、俸給の五分の三を支給する代わりに、雇われている教師の誰にも一二五ポンドを補助するので望ましいものである。この方法で全区域は教師のために同じ額を受けとり、また俸給は自治体の貧富に依存しないことになる。一般的に、スコットランドの制度は、寛大で公平である。

イギリスの二つの制度に共通する欠陥は、教師の助成の地域的性格である。報酬や地位の平等を確実にし、ある地方当局から他の地方当局へ自由な転勤を容易するためには、教師の俸給が大蔵省によって直接支給されるか、あるいは地方政府の窓口を通じて支給されなければならない。準強制的なバーナム給与表を持つ現在のイギリスの制度は、この目的を備えたがそれを完全に達成することに失敗した。年一回の昇給は、一般的に地域に尽くした奉仕のために、地方当局によって支給されるし、また他の地方当局に移る場合は、教師たちは時には先任順位を失う。俸給と昇給が大蔵省によって支払われたならば、当局は職員たちと教師陣の選択に一層多くの自由を持つであろうし、教師たちは町から町へと自由に転勤できるであろう。大陸の国々は、教師たちも公務員に属するすべての特典を持った公務員に含めることによって、この問題を解決している。

第一二章　国家主義と国際主義

本書の結末において、国際関係の問題が教育政策の観点から考察されなくてはならない。この論題のもとに、教育理論家によって答えられるべき二つの問題がある。第一の問題は、学校のすべての教科、特に歴史の授業要綱が、偏狭な国家主義的解釈の傾向にあるということである。第二の問題は、様々な国々の教育機関のあいだでの交流ということである。第一の問題は大変複雑で、その適正な解明は容易ではない。どの国民も、自分たちの言語や国を人間の文明の最善の見本として考えるのが自然であり、また異なった人種の人々や文化のあいだには当然ある嫌悪が存在するのは自然である。問題は、国家がその国の教育政策で、この本来的な性向を当然のこととして奨励したり、ある種の偏見を作り出し、外国のものは何でも憎悪するか、あるいは国際親善と相互理解の目的を追求するべきかどうかということである。現代のどの国の文部大臣も、最も過激な国家主義者でさえも、外国人への偏見や憎悪が国家教育の目的として公的に奨励され、承認されるべきであると、広く公言することはない。不幸なことに、多くの国々の具体的な実情は、あらゆる公的な宣言とは反対に、国の学校がまだ全般的に以前の敵への憎悪や外国人への偏見を説いていることは確かである。この主題についてのカーネギー財団の報告は、人間の偏見と愚かさの悲しい記録である。この点に関する大戦の解釈は唯一の例ではないが、ある場合は反対に長いあいだ忘れられていた戦いへの解釈が、前の戦争以上の偏見さえ持たせている。ほとんどすべての国々が、歴史のある時期に相互に戦争に遭遇したので、そうした教育がすべての外国人への全般的な軽蔑を結果として生じさせたということは明らかである。もちろん、例外はあり、数の上では常に増えているが、教師たちの大多数は古い歴史解釈と同じ方法を続けている。しかし、歴史だけが感情を悪くさせる唯一の教科ではない。すなわち、科学が「強いことが正義である」という標語をもって絶え間ない生存競争として解釈されたならば、同じように有害な影響を与えるのである。すべての授業要綱は、検討されなくてはならないし、隣人への憎しみを育てるあらゆる例を取り除く目的で綿密に作成されなければならない。

ソビエト・ロシアだけを唯一除いて、他のすべての国の教育の立法はその精神において少しも国際主義的でなかったし、いつも国家主義的な観点が推進され、また全体として人類の利益よりも概して自国の利益に観点が置かれてきた。地球的で連続的なそうした傾向が、「国家主義」の反対と、また排除するものとして解釈する通常の「国際主義」によって表明されている。この点において、両派の極端な陣営は同様に誤っている。極端な国際主義者たち・共産主義者たちは、二つの「国家」、すなわち資本主義国家とプロレタリアの国家だけしか認めない。彼らは、国家主義のどのような感情や傾向も、労働者階級の利益には有害なものと考えている。ソビエト・ロシア政府は、その憲法においてさえ国際主義が存在し、この解釈を公に採用し、またすべての国立学校で全労働者の同胞意識を宣伝しているが、しかし後者の同胞意識からあらゆる国の資本主義者たちが除かれている。他方、極端な国家主義者たちは、異なった国の利益は常に互いに反するものであり、「国際主義」はいつも敵側の役を演じていると強調する。両方の極論は、その政策の根拠を憎しみと戦争に置いているのである。すなわち、一方は雇う者たちと階級闘争への憎しみによって国際親善と平和を達成することを望んでいる。他方は、外国人への憎しみと、外国との戦争によって国民の統一と内的団結を実現することに努めている。しかし、このような両方の目的は、そのような手段によっては達成できないのである。それらは、ただ国民の成人男子の血の犠牲と文化の全般的な低下とを招くだけなのである。国際的平和や国内の平和は、和解と善意によってのみ達成できるのである。すべての者に機会が平等な民主的な原理は、国境と人種の違いを超えて広まり、「国家主義」と「国際主義」の擬似的な反対の思想の不信を和解させるので、真の民主主義がこの問題を解明する唯一のものなのである。自分自身の家庭や家族への愛が、国民と国家を愛することを排除しないように、国際主義は全体として人類への愛に反対するものではない。どの国民の真の利益も決して人類の利益に反するものであってはならないし、国民がその利益を総じて人類と反対のものであると確信した場合は、人類ではなく、その国民が誤りなのである。国民性と人類性は、相互に対立するのではなく、むしろ尊敬しあうものなのである。すなわち、人類性のない国民性は偏狭であり、高潔な道徳的理想が欠如しているし、また国民性のない人類性は抽象的であり、非現実的なものなのである。両方の理念の結びつきのみが、現実的な進歩を確実にするものなのである。教育政策は、この事実を認めなければならず、両方にその義務を提示しなければならないのである。

このような理念が初めて公的承認を受けたのは、ドイツ共和国の新憲法においてであった。一九一九年のワイマール憲法の第一四八条は、次のように述べている。すなわち、「すべての学校は、ドイツの国民性と国際的な和解の精神のうちに、道徳教育と公的感覚、個人的、職業的な卓越を目的としなければならない」。一九二二年六月一九日、ドイツのすべての州(地方)の文部大臣の会議で決議が採択され、一四八条に従ってすべての学校に公教育の直接の導入を促した。この目標のために、会議は歴史のすべての教科書の改訂を勧告した。しかし、実施はそうした要請よりはるかに遅れている。ブラウンシュバイク州は、その学校の教育課程に一四八条の適用を真剣に試みた唯一の州である。一九二〇年、ブラウンシュバイク州の文部大臣は、国際和解の理念に即した布告を公表し、すべての教科の授業要綱における細目が作成された。それは、次のように述べている。

宗教の教授は、「道徳問題において、子どもたちにすべての人間と国家は平等であるという概念を覚醒させなければならない。平和と和解や相互扶助の理念が、子どもたちにキリストの教えのように強調して教えられなければならないし、子どもたちはそれらを家庭や地域の人々や外国人に対して実践できなければならない」。ドイツの授業では、目的はドイツ民族の理念が人類の理念にまで拡大されなければならないということである。歴史や地理では、出生地や民族や人類の理念がそれぞれ完結されなければならないし、また戦争は人類の文化的発展における障害物として解釈されねばならない。地理では、すべての国々の経済的、文化的な相互扶助が強調されなければならない。また、外国人の心理状態や特徴が学ばれなければならないし、偏見や先入観なしに説明されなければならない。自然科学では、共同生活や相互扶助の事実が、生存競争とともに教えられなければならないし、高水準の動物の生活として説明されなければならない。現代語によって、こうした課題がより国際的な善の意志であることとして選別されなければならないし、また教師たちは外国人の精神を十分正しく理解する努力をしなければならない。ブラウンシュバイク州の教師たちへのこうした指導は、教育課程のすべての面を包括し、古い教え方の悪かった主な点を述べている。

プロイセン州は、五年後にブラウンシュバイク州に続き、一九二七年五月二八日の文部大臣の布告によって、「国際連盟」が独立した項目として授業要綱のうちに含まれるべきであると指示した。すなわち、「この主題を教えることは、国家自身の尊厳の感情や他の国々の理解から生まれた尊敬と、すべての人民が世界連合の一員であることを認めるということに基づかなければならないし、個々の国民の発展を推進せざるをえないのである」。他の教科課程を改訂しないで、特定の教科でこのような理念を統合するプロイセン州の方法は、ブラウンシュバイク州の方法のように、ほとんど効果を上げることができないであろう。永続的な結果が望まれるのであれば、すべての教科が同じ精神で貫かれねばならないのである。

この国イギリスでは、授業要綱や方法について文部省の定めた政策は、教師たちには自由であり、当局の干渉がない。それゆえ、文部省は、国際連盟や一定の「国際的な」傾向への義務的な方向を規定することができない。教師たちへの文部省の助言の最近の版には、歴史の章に国際連盟の起源と目的についての特別な付録が含まれている。文部省は、戦後の状態を「世界の人々は特定の地域的な愛国心の自然感情に、共通な利益や義務の観念を結びつけなければならないことを必要としている」と考えている。多分、次の「助言」編は、公民権の養成についての大英学術協会の報告（一九二〇年、カーディフ市）に似た定義を含んでいるであろう。その報告の

第一五節は、次のように述べている。すなわち、「真の愛国心は、家族から都市、都市から国、国から人類へと義務の段階の高まりを認め、時には家族の利益を都市や国の利益とする方法を提供しなければならないように、都市や国の利益をそのように人類の利益とする方法を提供しなければならない」。しかし、文部省は「公共の利益と義務の概念」を試験的に勧めるだけであるが、国際協調や善意の理念は、イギリスの国際連盟の活動により、イギリスの教師たちのあいだで多くの支持者を獲得するであろう。教師たちの信頼できる職業的組織が連合を結び、イギリスの学校と世界平和に関する宣言を公表するなかで、彼らは国際連盟の目的と目標を教えるための準備と文明の調和を強調することを宣言した。イギリスの代表によって、国際連盟の会議に与えられた誓約を遂行するために、イングランド、ウェールズ、スコットランド、北アイルランドの地方の教育当局の会議が文部省によって召集された。会議は、一九二七年六月八日に行われた。その会議は、連盟の目的と目標に関する教育を準備する問題を考察しなければならなかった。会議は、教職者との相談により、より多くのことを考察する地方委員会の組織化を満場一致で決定した。教職者との一致した活動というイギリスの方法は、多分上から規定する大陸の方法よりもより良い結果を導くであろう。

イギリスとドイツに加えて、フランス、デンマーク、ベルギーにより、国際連盟に関する教育機関の注意を引くために明確な活動が行われ、他の多くの国々もその後に活動を行った。一九二七年九月二七日、国際連盟の会議は、国際連盟の目的に関する教育についての専門家の小委員会勧告を採択した。会議は、勧告を効果あるものにするために、構成国の政府に必要な措置を取ることを要求した。オーストラリア（ビクトリア州）、ベルギー、キューバ、エストニア、リトアニア、ニュージーランド、ルーマニア、サルバドル、ユーゴスラビアからの報告が連盟によって受理された。この新しい動きの結果として、何があるのであろうかを判断するには、まだ早すぎる。しかし、国際連盟の目的と憲章についての教授が、すべての教科において新しい精神により同時に行われるべきだということは明らかである。その他の点でも、それはすでに国家主義的偏見の雰囲気が変わることなく強く詰め込まれた教育課程に、新しい主題を付け加えることになるであろう。

教育政策における国際的な重要性についての第二の問題は、様々な国のあいだでの教師たちの交換である。大学生たちの交換は、すでに有志の仲介によって大規模に進められているので、政府が特別に関わる必要がない。なぜなら、大学は概して制限なく外国の学生たちに門戸を開いているからである。政府は外国での研究のために幾つかの奨学金を設けなければならないが、しかしある国から他の国へと学生を大量に転校させることを奨励することは、全く不必要である。教師たちの交換の問題は、全く違った問題である。教師たちは、それぞれの政府間の一致と同意がなくては、外国の学校で教えることはできない。現在、教師たちが外国に滞在する重要性は一般に認められているが、特にそれは歴史や地理や現代語の教師にとって必要なことである。そのような教科の教師たちは、外国についてじかに触れた知識がなくては、生徒たちに現実的な感覚を伝えることはできない。すべての教師は、少なくとも一年はどこか外国で過ごすべきである。大学の教師たちはすでにその機会を持っていたが、中等学校の先生たちや特に小学校の教師たちはほとんどその満足感を享受できなかった。休暇を外国で過ごす教師たちは、ただ自費で短期間過ごすことができるだけであろう。

政府は、事業計画を作るために、国際的な同意を仲介したり、取り決めをしたりしなければならない。一九〇四年、フランスの公教育大臣が、フランスの学校で英会話のクラスを指導する候補者の選出を文部省に要請してきた。この歩みは、現代語の教師たちの交換に関する文部大臣と文部省間の公式の採択を先導することになった。同じ年の秋には、文部省はプロイセンの文部大臣から同様の申し込みを受け、同じく同意が得られた。事業計画は、戦争がイギリスとドイツ間の教師たちの交換を停止させた一九一四年まで、十分に活動した。けれども、それは今なお再開されていない。フランスとの交換は戦争中を通じて続き、提供されている最近の数は一九二七年から一九二八年のあいだに、五五人のイギリス人の教師たちがフランスで任命され、五三人のフランス人の教師たちがイギリスで任命されている。この事業計画は、先任順位や他の特権を失うことなく、外国の認められた中等学校の教師として、一年の滞在期間を与えている。

同じような事業計画が、大規模にイギリスの自治領と連合王国とのあいだで開始された。それは、帝国連盟の有志の仲介によって率先して行われたもので、それゆえ文部省によって運営されておらず、文部省は援助して計画を奨励するだけである。しかし、幾つかの自治領の多くの州とイギリスの多くの地方当局がそれを採用したので、それは公的な事業計画とみなすことができる。一九〇七年、帝国連盟は教育部門の代表者たちの会議を手配し、そこで教師たちの交換という理想が初めて討議された。最初の試みは、もっと後の一九一三年に始められ、その際に最初の自治領内の交換が整えられた。その時以来、事業計画はますます成功を見出したのである。ここ数年のあいだ、数百人の教師たちがこの方法で交換されている。一九二三年の帝国教育会議は、現在活動中である新しい事業計画を手がけ始めた。その事業計画の基礎となっている原理は、次のようなものである。「(一)交換は、同等の資格と経験を持った教師間で、可能な限り求められるべきである。(二)未払いの給料は教師たちに与えられるべきであり、それによって外国行きや帰国の旅行期間の経費をまかなうべきである。(三)外国での雇用は昇給、年功序列や他の権利に関して、少しもハンデキャップとはならない。(四)終身雇用されている当局の許可なく交換された教師たちは、当局の助成を受けられない。(五)すべての交換は、旅行に費やした時間を除いた一年間でなければならない。(六)二五歳以下と教育経験五年以下の教師や四五歳を超えた教師は、交換を受けられない」。この事業計画は、不幸にも英連邦のなかだけで活用され、同じ原理による交換がフランスや合衆国とのあいだでほとんど遂行されなかった。もちろん、同じ言葉を話す国々のために意図されたこの事業計画は、他の外国すべてに完全に広められなかった。しかし、各国の政府がそのような交換を率先して行う準備ができていたならば、言葉の困難さは克服できたであろう。

大学教授たちの交換は、様々な国のあいだで昔から長期間実施されているが、しかしそれは常に二つの異なった国の大学間の独自の同意によるものであった。ドイツとアメリカ、フランスとアメリカ、フランスとベルギー、大英帝国とアメリカなどがこの方法で規則的に教授たちの交換をするのが常であった。しかしながら、政府の公的な関与は、最近始まったにすぎない。フランスでは、七つのアメリカの主な大学とフランスの大学間の交換を組織するために、特別委員会が設定された一九二〇年に、公的な承認が与えられた。一九二三年には、予定している教師たちの規則的な交換に関して、特別な協定がパリ大学とコロンビア大学とのあいだで調印された。ベルギーは、一九二三年九月二一日にルクセンブルク大公国と、一九二五年九月一日にはポーランドと、国際的な協定を締結した。そこでは、当事国は毎年二人の教授、一人はベルギーから、一人はルクセンブルク(あるいはポーランド)からの交換に同意した。各々の国のあいだで、知的協同を促進するために常任理事会が設けられた。

教育における国際的な政策のもう一つの側面は、外国に国家の学校を建てるということである。ヨーロッパの大多数の国々は、外国に在る幾つかの教育機関を維持したり、助成している。この点で、フランスはその地理的境界を超えた知的展開の例を提供している。フランス政府は、外国にフランスの教育機関を政府自身で建てたり、私的な組織を引き継いできた。フランスは大学程度の学校を数校と、数校の中等学校を持っている。それは「フランス学院」と呼ばれ、ロンドン、マドリード、バルセロナ、フローレンス、ナポリ、プラハ、ワルシャワ、ブカレスト、ソフィアにおいて活動しているし、ローマ、カイロ、アテネにも他の学校がある。フランスは、外国に学校を建てることと同時に、外国人学生のフランスの大学への入学を奨励している。この点でパリの「大学街」の建物が非常に重要である。この大学街は、多くの国籍を持った沢山の学生たちに家を提供するであろう。多くの国々が、すでに自国民のための寄宿舎を建てたり、礎石を据えた。カナダ、大英帝国、ベルギー、日本、アメリカ合衆国、アルゼンチン、スペイン、スウェーデン、オランダ、ブラジルなどが、フランス人の学生たちの建物の近くに自国の大学寄宿舎を持つことになるであろう。ロシア人の亡命者たちに関する国際的な協力が、ここでまた指摘されなければならない。チェコスロバキアやユーゴスラビアやブルガリアは、ロシアの多くの中学校と小学校を承認し、公的財源からそれらを維持している。多くのロシア人の学生たちが、フランスやベルギーと同様に、三つのスラブの国々で奨学金を受けている。

戦争と国際連盟の設立以来、教育事項における国際協力の精神が大きく成長してきたことが分かる。しかし、成果の調整がないし、アメリカ連邦教育局と同様の、教育上のすべての情報や経験を明確にする場として役立つであろう中央の部局がない。ジュネーブに、一九二六年四月、ジャン・ジャック・ルソー協会によって開始された国際教育局が存在するが、しかしこの組織は非公式であり、その活動を展開するのに十分な基金を持っていない。そのような部局は、国際労働局があるように、国際連盟の公式な機関であるべきである。この種のもう一つの非常に価値のある協会が存在するが、それもまた私的な性格のものである。それは、一九二〇年にカーネギー財団によってニューヨークに設立された国際教育協会である。これらのすべての成果は、教育における国際協力の実現を確実にするために、国際連盟の援助のもとで統合されるべきなのである。

【訳註】

(1) ブライス(James Viscount Bryce, 1838-1922)　イギリスの法学者、政治学者、政治家。ブライス委員会と言われる教育行政委員会の長として、イギリスの中等教育に関する教育政策の国家的統一の必要性を説いた。主著に民主主義の古典とされる*Modern Democracies*, 一九二一年がある。

(2) アメリカ合衆国第一六代大統領リンカーン(Abraham Lincoln, 1809-1865)のゲティスバーグでの演説(一八六三年)の有名な一句。邦訳は岩波文庫に高木八尺・斉藤光訳『リンカーン演説集』(一四七頁)がある。

(3) マンチェスター学派(Manchester school)　一八四五年から一八七五年頃、イギリスのマンチェスターに生まれた政治的、経済的結社。R・コブデンやJ・ブライトが中心となって、経済と貿易の自由競争を主張し、制限なしの自由を旗印としていた。

(4) ケイ・シャツルワース(James Phillips Kay-Shuttleworth, 1804-1877)　イギリスの枢密院教育委員会(Committee of Privy Council on Education, 1839)の初代の長官。イギリスの貧しい労働者の子弟の教育に尽力し、初等教育の基礎を築いた人物として評価されている。

(5) 古代ギリシャ紀元前六世紀頃のアテネの賢人ソロン(Solon, B.C.640-560)の立法と言われる「ソロンの法」には、アテネ市民の男子を体操と音楽で教育すべきことが規定されていた。またスパルタでは、いわゆるスパルタ教育といわれるような厳格な教育が行われ、男子は七歳頃から公共の教育施設に入れられ教育されていた。

(6) ノックス(John Knox, 1505-1572)　スコットランドの宗教改革家。イギリスの日曜学校(Sunday School)の設置の契機となった安息日学校(Sabbath School)を開設し、日曜日の午後子どもたちに教義問答を教えた。

(7) 「一般地方学事通則」(General-Land-Schul-Reglement)　フリードリヒ・ウィルヘルム二世のもとで公布され、五・六歳から一三・四歳の就学義務の強化が規定されている。

(8) 一九一八年の教育法(Education Act, 1918)　いわゆるフィッシャー法(Fisher Act)で、義務教育年限を五歳から一四歳まで延長し、地方教育当局に一五歳まで延長する権限を与えた。また、一四歳で離学する少年少女には、昼間補習学校への就学を義務づけている。

(9) 長老派教会(Presbyterian Church)　宗教改革家ジャン・カルヴァンに影響を受けてイギリスに生まれたキリスト教会。スコットランドに勢力をもつ会派で、主教の教会統治を否定し、聖職者と信者の同権を主張。教会運営は牧師と信者の長老によって行われたので長老教会と言われる。

(10) 野外学校(hedge school)　一七・八世紀のアイルランドで盛んになった学校の形態。アイルランドの学校では、カトリックの教育法を避けて、戸外で授業が行われたのでこの名称がつけられた。

(11) コンペレー(Jules Gabriel Compayré, 1843-1913)　フランスの教育学者、教育行政家。教職から代議士となり、リヨン大学総長や学士院会員などを歴任し、公教育の整備に努めた。著書に *Cours de Pedagogie Theorique et Pratique*, 一八八五年があり、邦訳は能勢栄『根氏教授論』一八八五年がある。

(12) ドゥエ聖書(Douay)　一六世紀、フランス北東部ノール県の都市ドゥエにイギリスから亡命してきたローマ・カトリック教徒が、トリエント公会議の決議に従って出版した英語訳聖書。

(13) ジェームズ王訳(King James' version)　イングランド・スコットランド王、ジェームズ一世が一六一一年イングランドの新教徒のために命じて出版させた英訳の聖書。それゆえ、欽定訳聖書とも言われ、すぐれた英訳として有名である。

(14) プファルツ(Palatinate Pfalz)　旧ドイツ帝国内のライン川沿岸の一国。国王と同等の特権を有していた領主領で、通例は選帝侯の一人が支配していた。今日のラインラント・ファルツ州で、州都はマインツ。

(15) 家長(pater familias)　ローマ法には家長権が家族制度の重要なものとして存在し、家長は子どもや養子、また男系卑属に対する生殺与奪の権限を有し、私法上の統制力も有していた。

(16) 児童法(Children Act, 1908)　一八世紀後半以来、イギリスの産業革命の発展は若年者を労働力に組み込み、子どもたちを酷使するようになった。そのため、オウエン(Robert Owen, 1771-1858)などによって児童保護に力が注がれ、年少者の労働禁止や若年労働者の深夜就業禁止の法が定められた。一九世紀になり、これまでの児童保護関係法を統一し、児童の健康や教育の充実を図るためにこの児童法が制定され、近代的な児童福祉事業の発展の礎石となった。

(17) 授産学校(industrial school) 浮浪児や不良児の矯正を目的とする学校。

(18) 基礎学校法(Grundschulgesetz, 1920) 第一次世界大戦後に成立したワイマール共和国は、ドイツの従来の中央集権的な教育行政と階級的な複線型教育制度を改め、教育の機会平等と統一学校を確立するために基礎学校法を定めた。これにより、基礎学校(四年)が国民学校(八年)を構成する制度となり、予備校は廃止されて教育の民主化が図られた。

(19) カナダでは、英語とフランス語が公用語として認められ、イギリス系カナダ人は英語を、フランス系カナダ人はフランス語を第一公用語としている。フランス語はケベック州やオンタリオ州北東部とニューブランズウィック州北部などの住民(人口の約三〇パーセント)の日用語となっている。南アフリカでは、公用語は英語(白人は全人口の三七パーセント)とオランダ語に語源をもつアフリカーンス語(五八パーセント)である。アフリカ人は種々のバンツー方言を日用語や教育用語としているが、多くのアフリカ人に英語とアフリカーンス語の両方の言語教育が行われている。スイスでは、中部や北東部で話されているドイツ語(全人口の六九・三パーセント)と西部のフランス語(一八・九パーセント)と南部のイタリア語(九・五パーセント)が連邦の公用語であり、一九三八年以来、南部のグラウビュンデン州だけで使われているロマンシュ語(〇・九パーセント)が国語として認められている。

(20) トランスコーカシア連邦共和国(Transcaucasian Federal Republic) トルコとイランに接する旧ソ連邦南部、南カフカズの共和国。ロシア革命後、ザカフカズ・ソビエト連邦社会主義共和国であったが、一九六三年以後、アルメニア、アゼルバイジャン、グルジヤの三つの共和国となっている。

(21) イギリスでは、一八九九年の教育院法により教育の中央集権的な行政が確立されたが、一九〇二年の教育法により初等、中等教育の地方分権的な教育行政制度が確立され、制度としてはイングランド、ウェールズ、スコットランド、北アイルランドに分かれていた。イングランドとウェールズは一九四四年のバトラー教育法、北アイルランドは一九四七年の北アイルランド教育法、スコットランドは一九六二のスコットランド教育法により、地方教育当局が各々の文部省の監督のもとに自主性を有しながら教育行政を行っている。これは教育行政の地方分権主義であるが、中央と地方との協力を図るために中央の教育助言審議会や文部大臣任命の視学官制度を導入して円滑な教育行政を展開している。

(22)　アルザス・ロレーヌ(Alsace-Lorraine)　フランスとドイツの境に位置し、両国の軍事境界や石炭と鋼鉄などの地下資源をめぐり、古くから紛争の舞台となってきた。以前は神聖ローマ帝国の公国や自由都市であったが、一七・八世紀にフランスに併合されてフランス化が進んだ。しかし、普仏戦争後のフランクフルト条約によってドイツ領となり、反ドイツ気運のなかで一九一一年に地方自治が認められた。第一次世界大戦後は再びフランス領となった。フランスは一九二五年以後、自治制を廃止してフランス化を進めたが、反フランスの自治運動が続けられた。著者の時代はこの時期にあたり、一九一一年からの自治が生き続け、フランスのなかでも特別な位置を占めていて、教育の行政制度も地方自治を維持していたものと考えられる。

(23)　ルサチア人(Lusatia)　ドイツとポーランド南西部のオーデル川とナイセ川のあいだの住民で、ハンガリー族のマジャール人、一〇世紀以来数度にわたりゲルマン化と反ゲルマン化の抗争が繰り返されたが、一九三五年ヒトラーにより完全にドイツ化され、第二次世界大戦後は東岸がポーランド領となった。

(24)　カタルニア(カタロニア)運動(Catalan movement)　スペイン北東部のピレネー山脈より南、地中海に面するカタルニア地方の自治要求運動。一二世紀から独自の文化と言語(カタルニア語)をもち、中央への反発が強く二〇世紀に入り、スペイン内政の混乱とともに自治独立運動が高まった。一九三一年、左派政権の誕生とともに国王がカタルニアに亡命し、カタルニア共和国が宣言され、カタルニア自治法を成立させた。一九三四年、中央政府の自治法の骨抜きに対し、完全独立のために武装蜂起したが失敗し、内乱を経て今日に至っている。なお、カタロニアという表記は英語から来ている。

(25)　一八四八年の革命(Revolution of 1848)　一九世紀のヨーロッパ東南部は、神聖ローマ帝国が衰弱し、フランツ二世のオーストリア帝国が成立した。ナポレオンの席捲下のヨーロッパは、領土問題が繰り広げられ、領土問題に絡み民族問題が生じた。フランツ一世、フランツ二世、メッテルニヒの保守官僚政治に反抗して、貴族や資本家をはじめ知識人、学生、労働者は、自由や地方自治を要求していた。一八四六年、ポーランドやハンガリー、ボヘミアなどの各地に反乱が起こり、一八四八年三月から六月にかけて革命政府が誕生し、自由主義的な政策が展開された。また、フランスのパりでも同年二月の革命により、第二共和制が生まれ、ヨーロッパの植民地や被抑圧民族の解放がヨーロッパ全土に展開された。一八四八年の革命は、ヨーロッパに民族自決の理念を芽生えさせた。

(26) クレムジール(Kremsier) チェコの南モラビア州の都市。一八四八年一一月一五日にオーストリア帝国最初の制憲議会が開かれた。

(27) パラッキー(Frantisek Palacky, 1798-1876) チェコの政治家、歴史家。チェコ国民党首として民族運動を指導した。著書に『ボヘミア史』(一八四〇年)、『フス戦争の歴史』(一八七二年から七四年)がある。

(28) レンナー(Karl Renner, 1870-1950) オーストリアの政治家で、総理大臣や大統領を歴任した。ルドルフ・スプリンガーはペンネームである。

(29) バウアー(Otto Bauer, 1882-1938) オーストリアの社会民主党の指導者、外務大臣を務めた。

(30) サン・ジェルマン条約(Treaty of Saint-German) 第一次世界大戦後の一九一九年九月一〇日、パリ西部のサン・ジェルマン・アン・レーで、連合軍とオーストリアとのあいだに調印された講和条約。条約は、ベルサイユ条約と同様に賠償や軍縮に関する取り決めが規定され、国際連盟規約も記載されていた。条約により、オーストリア・ハンガリー帝国からチェコスロバキア、ポーランド、ユーゴスラビア、ハンガリーの各国の独立と、同時に各国内の少数民族の保護が約束された。

(31) トリアノン条約(Treaty of Trianon) ベルサイユ条約調印後の一九二〇年六月四日、ベルサイユのトリアノン離宮で連合国とハンガリーとのあいだに結ばれた講和条約。この条約によりハンガリーの独立は国際的に承認されたが、領土はルーマニアやユーゴスラビア、チェコスロバキア、オーストリアに約三分の一を割譲し、人口は五分の二となった。連合国の掲げた民族自決の精神に反して、ハンガリーに属すべき地域と民族自治が無視され、新たな民族問題を生むことになった。

(32) トランシルバニア(Transylvania) ルーマニア中部から北西部にかけての地方。一九二〇年六月四日のトリアノン条約によってハンガリー領からルーマニアに併合され、第一次世界大戦後にルーマニア領となった。住民は約三分の一がハンガリー系のマジャール人であり、その他の少数民族も居住している。

(33)　ヴェンド人(Wends, Wender)　ドイツ北東部とポーランド南西ルサチア地方に住むセダン系の諸部族(アボリート族、ビルツ族、ポンメルン族、ソルブ族)の総称。言語は、スラブ語系の西スラブ語群に属するソルブ語であり、旧東独時代の法律では公の使用が認められなかった。

(34)　サロニカ(Salonica)　ギリシャ北部のマケドニア地方の海港都市。ギリシャ名は、テッサロニキ(Thessaloniki)である。

(35)　イディッシュ語(Yiddish)　ヨーロッパの中部や東部とアメリカのユダヤ人たちの主要な日用語で、ヘブライ語と並ぶユダヤ人の言葉である。ドイツ語から派生し、スラブ語と混合したもので、ヘブライ文字で表記される言葉である。

(36)　マニトバ州(Manitoba)　カナダ南部の州で州都は小麦の集散地であるウイニペグ(Winnipeg)である。

(37)　バナト(Banat)　ハンガリー南東部、ルーマニア西部、ユーゴスラビア北部にまたがる地方の呼称。

(38)　ティチノ州(Ticino, Tessin)　スイス南部のイタリア国境に接する州。イタリア語が公用語で、宗教はローマ・カトリックである。

(39)　一つの地域とは、カナダ北東部のケベック州を中心に、オンタリオ州の北東部、ニューブランズウィック州北部を意味し、これらの地域ではフランス語が日用語として用いられている。

(40)　ラテン・アメリカに住む純粋なインディアンとは、アステカ族、インカ族、マヤ族であり、スペイン語のいわゆるインディオである。スペインの侵略以来、混血が進み、メスティーソと言われるインディオとスペイン人との混血がラテン・アメリカ諸国の人口の大部分を占めている。

(41)　自由主義者を側近に持ったアレキサンドル一世(Pavlovich Romanov Aleksandr I, 1777-1825)は、コンドルセの教育計画を模範として、一八〇四年に「大学の管轄下にある学校規定」を発令し、学校制度を改革した。彼は初等教育と中等教育の統一化を図り、ペテルブルクやカザン、ハリコフなどに大学を増設し、世界で最初の国民教育制度を実現した。

(42)　フィヒテ(Johann Gottlieb Fichte, 1762-1814)は、一八〇七年ナポレオン占領下のベルリンで「ドイツ国民に告ぐ」を講演し、国民教育によるドイツの復興を説いた。フンボルト(Karl Wilhelm von Humboldt, 1767-1835)は、内務省文教局長として教育の制度と行政の改革に当たった。初等教育には、ペスタロッチ主義を導入し、ドイツの近代国民教育制度の基礎を築いた。

（43）ケベック州の制度は、フランスとカトリック教に影響されている。すなわち、初等教育は七年制で男女別学であり、初等教育以後は三つの課程に分かれる。一つは、カトリック教会の経営の八年制の古典学校（college classique）に進学し、大学入学資格試験を経て大学に進む課程、第二は職業専門教育を行う公立学校へ進む課程であり、三つ目は最初の四年間で古典語を学び、大学へ進む課程である。

（44）一八三〇年七月革命　フランス王シャルル一〇世の議会解散と選挙法の改定の勅令に抗して、パリ市民が成立させた人民主権の革命がスイスに影響を与え、スイスでは人民主権の原理のもとに選挙制度をはじめ自由主義的、民主的な政治改革が行われ、教育においても改革が行われて教育の大衆化が図られた。一八七四年には改正憲法のもとに、国民教育は各州の主権に属し、七年から九年の義務教育が無償とされた。

（45）労作教育の指導者ケルシェンシュタイナー（Georg Michael Kerschensteiner, 1854-1932）が、一八九五年から一九一九年までミュンヘン市の視学官として公務員教育問題に携わり、一九一九年のワイマール共和国の統一学校である基礎学校（Grundschule）を完成させた。基礎学校は、ギムナジウムの予備校となることを廃止して、全児童に同じ初等教育を施す目的として、ワイマール憲法の第四章第一六四条に成文化された。

（46）統一学校（l'ecole unique）　学校が階層別に対応する複線型の学校体系を、教育の機会平等を図る単線型学校体系に統一する運動が一九世紀後半からドイツやフランスに起こった。第一次世界大戦後、ドイツでは小学校の統一が制度化され、ギムナジウム進学の予備校化が否定された。フランスではリセ（Lycée）の予科が廃止され、小学校に統一化された。

（47）バート（Cyril Lodowic Burt, 1833-1971）　イギリスの心理学者・ロンドン大学名誉教授で、テスト研究や青少年の非行研究に貢献した。主著に一九二五年の*The Young Delinquent*がある。

（48）エペー（Charles Michel de l'Epée, 1712-1789）は、フランスの聾唖教育家。聾唖学校を創設し、記号言語を使用して教育効果を上げた。ハイニッケ（Samuel Heinicke, 1727-1790）は、ドイツの聾唖教育家。一七七八年、ライプチヒにドイツで初めての聾唖学校を設立した。

（49）アユイ（Valentin Haüy, 1745-1822）　フランスの聾唖教育家。本文にもあるように、一七八四年パリに視聴覚障害者の教育施設を設立し、視聴覚障害者用の読書法、いわゆる点字を発明した。

(50)　ボースタル再教育施設(Borstal Institution)　一九〇二年からイギリス・ケント州のボースタル刑務所で、二一歳以下一六歳までの犯罪者を収監して再教育した施設釈放後も組織的な監督や指導を与えた。

(51)　貧民学校((Ragged School)　貧民の子どもたちが無料で教育と給食を受けられた学校。一九世紀の初頭、ポーツマスのある皮靴商人が貧困児童や浮浪児を集めて職業訓練を行ったことから、一八四四年にロンドンで貧民学校連盟が結成され、一八五六年には国庫補助も行われたが、一八九一年の初等義務教育の導入とともに廃止された。

(52)　フランケ(August Hermann Francke, 1663-1727)　ドイツの敬虔主義者、牧師、教育者。ライプチヒ大学講師のかたわら聖書学校を創設し、ライプチヒ西北のハレ市に貧民学校や教員養成所などの各種の学校を設立した。

(53)　バタシー(Battersea)　ロンドン市の南西部、テムズ川沿岸の旧自治地区。

(54)　師範学校の設立に努めたのは、アメリカ公立学校制度の父と言われるマサチューセッツ州の教育長マン(Horace Mann, 1796-1859)であり、同州のレキシトン師範学校には教育実習のための附属小学校が設けられていた。

(55)　バーナム委員会(Burnham Committee)　イギリスの自由党国会議員、子爵のバーナム(Harry Lawson Webster Burnham, 1862-1933)が議長となって、一九一九年に設けられた委員会で、一九一八年の改正選挙法を起草したり、同年のフィッシャー教育法の就学義務年齢の延長や補助金制度の改革などに伴い、同委員会で教師の給与の問題を扱い、バーナム給与表を勧告した。

(56)　シュタイン(Karl vom Stein, 1757-1831)　プロイセンの政治家で、大臣や宰相を務めた。一八〇七年、農奴解放に手をつけ、一八一八年には住民自治を認める都市条例を定めたり、市民の選挙による市議会を設置し、シュタイン改革と言われる合理的な中央集権的行政制度を設立した。

(57)　ハルデンベルク(Karl August von Hardenberg, 1750-1822)　プロイセンの政治家。一八〇四年外務大臣となり、シュタインの改革に協力した。一八一〇年には宰相となり、税制改革、農奴解放、ユダヤ人への市民権の供与などの改革とともに、国民教育の充実や学問芸術の振興策などの自由主義的な行政改革を行った。

訳者あとがき

本書は、ハンス(Nicholas Hans, 1888-1969)の主著の一つである一九二九年初版の*The Principles of Educational Policy*(P. S. King & Son, Ltd)の全訳である。本書は初版の翻訳であるが、一九三三年の第二版には*A Study in Comparative Education*と副題があり、したがって本訳書においても内容を明確に表すように「比較教育研究」と副題を付記した。

さて、本書の翻訳の契機は、訳者が大学教師となって間もない頃にあり、およそ三〇年ほども前になる。訳者は、学部学生時代から教育と政治の関連について関心があり、その教育学の領域として教育政策学に興味があった。当時、手にした教育政策学ないし教育行政学の著作には、必ず原著者ハンスの名と学説が引用・紹介されていた。その典型が、日本の教育行政学の権威であった東京大学教授宗像誠也の主著『教育行政学序説』(有斐閣、一九五四年初版、一九六九年増補版）であった。同書のなかで、教育行政研究の重要部門の一つである教育制度の比較教育研究の先駆的な成果としてハンスの『比較教育』（*Comparative Education*, 1949）と、教育政策類型論の典型的研究として本訳書の原著『教育政策の原理』が挙げられ、後者の研究は民主主義の立場から教育政策の諸問題を解決することを目的にしていると評価されていた。そこで、原著の『教育政策の原理』を取り寄せ、まだ邦訳されていないこともあり、訳読を始めたのであった。

このような経過のもとで、本書の訳稿はすでに三〇年ほど前に完成していたのであるが、当時訳者は駆け出しの研究者であったため、訳稿は出版の日の目を見ることなく訳者の書棚に眠ったままでいた。しかし、原著が教育政策研究の歴史的・古典的な著作であり、比較教育研究の先駆的業績であることから、この度出版を期して訳稿を数度に亘り原著に当たって推敲し、本書のかたちで上梓した次第である。

ところで、原著者ニコラス・ハンスは、一八八八年ロシア黒海沿岸の貿易港都市オデッサに生まれ、一九〇五年から一〇年間オデッサ大学の言語学部で学んだ。一九一七年のロシア革命に際し、彼はオデッサで政治生活に入り、一九一八年から市議会の一員として公務に就いた。一九一九年、彼はロシアを去ってイギリスに帰化し、ロンドン・キングス・カレッジの教育学部で研究を再開し、哲学博士と文学博士の学位を取得した。一九二〇年代には、教育年鑑の仕事に取り組み、その仕事を第二次世界大戦の勃発まで続け、大戦の期間は情報省の検閲部門で働いた。

大戦後の一九四六年、彼はキングス・カレッジの講師に任命され、一九四八年には「比較教育」講座の助教授となった。その間、彼は博士課程の学生を指導する教育学研究科でヨセフ・ラウエリーズと共同研究を行い、一九五三年に退職した後も一九五六年までロンドン大学教育学研究所で学術研究員として研究を続けた。

彼の著作は、「教育政策」、「比較教育」、「ロシア教育史」、「一八世紀の教育」などの広い領域に及び、我が国で知られている著作としては前述したように一九二九年の本訳書の原著『教育政策の原理』と、一九四九年の『比較教育』が挙げられる。これらの著書の意義は、後者については利光道生の訳書(明治図書、一九五六年)において論及されているので省略することにし、ここでは本書『教育政策の原理』の内容を――原著者が「まえがき」で簡単に述べているが――若干詳しく解説するなかで、その意義を指摘しておこう。

さて、本著は全一二章から成り、第一章は「民主主義と教育」というタイトルのもとに、教育における民主主義を「教育を受ける機会の平等」という視点から考察し、その内実として教育政策の形態を「無政府主義的・個人主義的」、「共産主義的」、「民主主義的」観点から分類している。そして、民主主義的な教育の実体を、欧米先進諸国における義務教育の法整備の歴史的過程を辿るなかで指摘し、とりわけ義務教育と授業料の無償制との関連において論究している。

第二章の「国家と教会」は、教育事項に関する権限・教育権を巡る国家権限と教会権限の関係を論じていて、その典型として(一)教会の専権とする、(二)国家の専権とする、(三)国家と教会が包括的ないし部分的に協同する、という三つの類型が二〇世紀を前後する欧米諸国の事例に従って論じられている。いわば、近代の公教育の成立過程において問題となった教育権の在り方を論究しているのである。

第三章の「国家と家族」は、国家が子どもの保護監督や教育を家族に任せるか、あるいは国家がどのような形でそれに関わるかを問題にしていて、その関係の主な三つの形態が歴史的俯瞰のなかで論じられている。すなわち、第一はローマ帝国に典型的であった子どもの保護監督や教育を家族の長に専任させる家父長主義の形態であり、第二はプラトンに思想的淵源を持つ共産主義的・全体主義的な国家において見られる形態であって、国家のために子どもを教育するという国家優先・国家専制主義の形態である。そして、第三は民主主義的な国家で採られている形態で、国家と家族が子どもの教育を協同するという形態である。これらの形態で問題となるのが、家族に象徴される親権者の教育権と国家の教育権の在り方であって、それは極めて今日的な問題でもあると言える。

第四章の「中央集権と地方分権」は、国家の教育政策が内政の在り方との関係において、中央集権的であるか地方分権的であるかを問題とし、中央集権的な教育政策の典型をナポレオン以来のフランスの教育政策において論じ、また地方分権的な教育政策の事例としてアングロ・サクソンの諸国と第一次世界大戦後のドイツやロシアにおいて考察している。特に、後者の州制度や連邦制を採る国々の教育政策における中央と地方の関わり合いや、そのメリットとデメリットを住民の自治権との関連において詳細に論じている。

第五章の「少数民族」は、第一次世界大戦後に国際的問題として唱道された民族自決の原理や少数者の権利との関連において考察され、また戦争と移住や移民などの結果から世界に散在して住む少数民族の市民権や教育権の問題が、それぞれの国家の教育政策を問題とするなかで論じられている。そしてまた、それはとりわけ少数者の母国語による公立学校教育における教育権の問題として論及されている。

第六章の「教育の階梯」は、国家の教育制度における教育段階の繋がりを問題としていて、その内実が国家の社会階級制の反映か否かによって、民主的な教育階梯であるか特権的な教育階梯であるかが問われている。民主的な教育階梯とは、教育を受ける子どもたちが生まれや信条や性別によって教育の機会が差別されない教育制度である。この章では、民主的な教育階梯の理念と歴史の制度的系譜が一八世紀から二〇世紀初頭まで言及されていて、その世界各国の概要と、特にアングロ・サクソンの国々における教育制度が詳しく論じられている。

第七章の「特殊児童」は、第五章で問題とされた民主的な教育制度における少数者の教育問題と軌を一にする問題であり、心身の発達においてハンデキャップのある子どもたちの教育を国家の教育制度において、またその実態を世界的に網羅するなかで、歴史的事例を踏まえて論じている。すなわち、身体的、精神的に発達遅滞のある子どもたちの教育のみならず、そうした子どもたちのための公教育における立法施策をはじめ、非行児や孤児の教育問題、さらには英才児の教育についても考察している。まさに、障害児教育の史的系譜と事実が、先駆的なかたちで言及されていると言えるのである。

第八章の「教師」は、教師に関する政策や行政として、教員養成、給与と年金などの待遇、またそれとの関係で教師の身分や地位、そして教育政策決定への教師の参加の問題を論じている。特に、教員養成の歴史を一七世紀から辿り、その二つの典型として伝統的な中央政府による運営と管理独占の教員養成である大陸型師範学校と、宗派や私的団体による私立の教員養成であるアングロ・サクソン型についての問題点が詳述されている。さらに、給与と年金については、教師の安い報酬が教師の社会的地位の低さをもたらしていること、また教師の代表者が参加する教育行政機関の組織化が必要であることを指摘している。

第九章の「教育課程、教科書、教授法」では、近代国家が統治権力として教育の内容を統制してきたことが述べられ、現代の国家も同様に統制的で画一的な方向にあるが、民主的な教育の政策や法制においては政府当局と学校当局や教師と生徒との関係において一定の均衡が必要であり、統治権力の教育内容への介入には制限がなければならないことを述べている。特に、教育課程の問題では、国によって教育課程が細かく規定された欧州大陸伝統型と、教育課程を「教師たちへの提言」として国が一般的な基準を設け、その強調点や細部は学校や教師に任せるというイギリス型を挙げ、そのような枠を基準に先進諸国の例が比較的に論じられている。そして、教科書も、国家によって中央集権的に作成されるか、「禁書目録」に従って採択されるか、またそこに保護者と学校や教師の参加があるかないかが、主な先進諸国家の事例の比較のなかで論述されている。これらの教育の内的事項としての教育課程、教科書、教授法は、まさに国家の介入の仕方によっては思想統制や思想信教の自由の侵害、子どもや教師の個性を喪失させることになるという、極めて今日的に重要な指摘がなされている。

第一〇章の「大学」は、大学の管理運営に関する国家の教育政策が問題とされていて、その典型として(一)アメリカ合衆国の近代的な私立大学に見られる無干渉で完全に自由な形態と、(二)フランス・ナポレオンの「帝国大学」とマルクス主義のソビエトや、ファシズムのイタリアに見られる国家の厳格な管理形態が論及され、またその中間的な形態として一七世紀から一八世紀に起源を持つドイツの大学が取り上げられ、政治的国家の枠組みのなかでの学問の独立、特に「教える自由」を認める大学の管理運営の形態が論述されている。そして、結論的には、大学が高等教育機関の使命として学問の研究と成果の発展や研究職の養成を目的としていることから、国家や政府の干渉から大学の自由と学問や教育の独立の必要性が説かれている。

第一一章の「教育財政」は、公教育の進展との関連で初等教育の無償の義務教育を論述し、また中等教育の無償やさらに高等教育も国庫の補助が時代的趨勢であることを論及している。その際、教育費を誰がどのようなかたちで負担するかということが、さらに問題とされている。原著者によれば無償の教育は税金によって維持されるべきであるが、その税を国民にどのようなかたちで課税するのか、また税源をどのように配分するかが、先進諸国の教育財政政策の比較のもとで考察されている。

第一二章の「国家主義と国際主義」は、第一次世界大戦と国際連盟の設立の経緯から国際関係についての文教政策を問題としていて、偏狭な国家主義に基づく歴史や地理の教育が戦争の原因ともなる他国への偏見や憎悪を増幅することへの警告と、偏見や憎悪を防ぐ国家相互の理解や国際親善を目指す国際主義の文教政策を論じている。その事例として、大戦後のドイツのワイマール憲法や、イギリスの幾つかの州が標榜する国際的な教育政策に基づいて「公共性の義務」を説く文教政策が取り上げられ、それぞれの長所と問題点が考察されている。そして、閉鎖的な国家主義に陥らないために、国家間の教育研究における研究者や教員の交流の促進と、国家間の親善を支援する国際的な機関の必要性が論じられているのである。

このような本書の内容の要約から、原著者ハンスが教育政策の主要な問題を民主主義を規範としながら、激動の二〇世紀前半期までの世界各国の教育施策を歴史的な事実を挙げて問題点を実証的に指摘し、教育政策が如何にあるべきかを論じていることが分かる。そして、原著者が本書において挙げている世界各国の教育政策の事例は、原著の初版が八〇年近くも前ということもあり、極めて貴重な歴史的資料としての価値を持つ一方で、教育における「少数民族」や「国際主義」などの問題提起は時代を経ても今日的な意味を持つ課題であり、そうした意味からも本訳書の上梓は意義があると考えるのである。

終わりに、本書の翻訳にあたってはできる限り原文に忠実であることを心がけたが、訳語としてカタカナが適切である場合はそのように表記し、第七章において直訳が差別的表現となる用語は今日的表現に従って意訳した。また、凡例でも記したように、直訳が分かりにくい文は意味が通るように意訳し、原著の長いパラグラフは内容から判断して適切な箇所で改行するとともに、切れ切れの短い単文は文脈から関連づけられる限りにおいてのみ重文とした。尚、翻訳の常として、思わぬ不注意や思い込みによる誤りと、また日本語として不適切な訳文が懸念されるのであるが、そのような点に関してはどうかご教示をお願いする次第である。

最後に、本書の出版に快く応じて頂いた東信堂の下田勝司社長に、また編集でお手数をお掛けした同社の松井哲郎氏と、校正で助力を頂いた実践女子大学の廣嶋龍太郎助教と八木浩雄非常勤講師に、厚くお礼を申し上げたい。

訳者　乙訓　稔

二〇〇八年　初夏

事項索引

人名索引

■訳者紹介
乙訓 稔(おとくに　みのる)　　実践女子大学教授

1943年 東京都生まれ
1967年 上智大学文学部教育学科卒業
1972年 上智大学大学院文学研究科教育学専攻博士課程修了
1995年 スイス連邦共和国チューリッヒ大学留学(客員研究員)
2002年 博士(教育学・上智大学論文)
　　　　教育学・教育思想専攻

主要著訳書:『ペスタロッチと人権―政治思想と教育思想の連関―』(単著)、『西洋近代幼児教育思想史―コメニウスからフレーベルまで―』(単著)、『ペスタロッチの哲学と教育学』(翻訳)、『ペスタロッチとルソー』(翻訳)、『ペスタロッチ―その生涯と理念―』(翻訳)、『フレーベルとペスタロッチ―その生涯と教育思想の比較―』(翻訳)、『教育の論究』(編著)、『教育と人権』(監訳)

The Principles of Educational Policy by Nicholas H. Hans.,
published by P. S. King in 1929.

教育政策の原理―比較教育研究―　〔検印省略〕

2008年 10月20日　初　版　第1刷発行　＊定価はカバーに表示してあります

著　者　ニコラス・ハンス
訳　者©乙訓　稔
発行者　下田勝司　　印刷・製本／中央精版印刷

東京都文京区向丘1-20-6　郵便振替00110-6-37828
〒113-0023　TEL(03)3818-5521　FAX(03)3818-5514

発行所
株式会社 東信堂

Published by TOSHINDO PUBLISHING CO., LTD
1-20-6, Mukougaoka, Bunkyo-ku, Tokyo, 113-0023, Japan
E-mail：tk203444@fsinet.or.jp

ISBN978-4-88713-866-7　C3037